自閉症が文化をつくる

竹中 均

Jiheisho Ga
Bunka Wo
Tsukuru
by
TAKENAKA
Hitoshi

世界思想社

自閉症が文化をつくる　目次

本書における引用文中の傍点やルビ、太字は、原著者によるものです。
引用文中の／は原文中の改行を示しています。

はじめに

近年、自閉症という言葉はかなり広く知られるようになりました。自閉症者である東田直樹の著作『自閉症の僕が跳びはねる理由』はベストセラーになり、二〇一六年に文庫本となって（KADOKAWA刊）、夏休み読書お薦め本として取り上げられました。ところがこの本が最初に出版されたのは二〇〇七年でした（エスコアール刊）。出版当時、発達障害に関心を持っていた人々からは注目されましたが、現在のような広範な関心を惹いてはいませんでした。時代が変わり人々の意識が変わったのです。

一九九〇年代頃から日本のマンガ・アニメにおいて、他者感情の読みとりや自己感情の表出が苦手な無表情キャラが魅力的な存在として目立ってきました。その多くは、私たちとは別の世界と何らかの関わりを持つという設定でした。今から振り返れば、その姿は自閉症的に見えます。アニメ制作者が意図的にそういう人物造形を行ったようには思えませんが、少なくとも、サブカルチャーを享受する側にそういう感受性が高まってきたのかもしれません。従来から、諸ジャンルの天才たちが個人的に心の問題や障害を抱えているという物語に私たちは親しんできましたが、近年そこに発達障害が新たなテーマとして登場するようになっています。

自閉症に対する人々の注目が高まっているのは確かです。その一方で、自閉症者とその世界が生きと身近に感じ取られているのかというと、必ずしもそうではないでしょう。この一〇年間、発達障害に関する用語が変遷を繰り返してきましたが、それは、急速な研究の進展の結果だとも、逆に、十分な理解が未だに確立していないためだとも言えます。医学・福祉・教育・文化・科学技術・社会など諸領域を横断し続けているのが、自閉症を始めとする発達障害の世界です。

本書に登場する人々は有名人ですが、全員が自閉症的だと私が思っているわけではなく、まったくそう思わない人物も少なからずいます。だからこそ、個人として発達障害を持っているかどうかにかかわらず、生み出された文化に自閉症的特徴を読みとれるのではないか、そしてそれを一つの文化のあり方として主張しうるのではないかというのが本書の立場です。人間文化には、時と場所を超えて自閉症的側面があるのではないか、言い換えれば、自閉症的であることは、何かの単純な欠如（例えば、社会性の欠如）ではなく、「健常」とは別様の一形態と見た方が適切なのではと考えてみたいのです。

そのような見方によって、障害者としての「生きづらさ」が解消するわけではありませんが、生きづらさを一つの文化として昇華させることもありうるように思えます。生きづらさ自体は容易には他者から共感されません。しかし、生きづらさとともに生み出された文化ならば、ある種の共感を呼び覚ましやすいという潜在力を持つのではないでしょうか。

以下、簡単に全体の内容を紹介します。第1章では、全体への導入として、互いに無縁とも思える二つの文化を取り上げます。しかし両者には奇妙な共通点があり、それをつくりあげた二人の人物の人生にも奇妙な共通点があるようです。第2章では、これらの二つの文化を結びつける鍵として「常数としてのマニエリスム」という考え方を紹介します。そこからさらに想像をたくましくして、自閉症の諸問題へと進んでいきます。数十年前から展開されてきた「常数としてのマニエリスム」論の中では既に「自閉症」という言葉が登場していました。第3章では、自閉症について基本的な解説を行います。自閉症の特性については現在も研究途上ですが、その分析視角は、人間のあり方それ自体に触れているように思われます。第4章では、自閉症的な性質を持つ文化をあえて「自閉文化」と呼ぶことによって、広範な対象を扱う文化論のキーワードを模索していきます。

第5〜14章では、ここまでの視点を組み合わせて、有名な文化作品とそれを生み出した人々を、自閉文化の視点から論じていきます。そのような視点をとることで、普通は結びつかない諸文化間に補助線が引かれ、ネットワークが構築されることを目指しています。それらの交差点となるのは、「常数」としての自閉症という考え方です。

第15章では、第6章の登場人物の一人、ルイス・キャロルに注目して、パラドクス論を展開します。「常数としてのマニエリスム」にとっても、常数としての自閉症にとっても、自己言及パラドクスは中心主題です。自閉症者の生活とは、自己言及のパラドクスを緩和することなく、文字通り生きることではないでしょうか。第16章では、身近な落語を媒介に「二つの世界」について取り上げて、自閉症者と定型発達者の間にも同じような二重性が成り立っているのではないかと考えてみます。少なくともある種の笑いは、二つの世界の境界面で起きるパラドクスから生み出されるように思います。第17章では、本書全体の流れとは別に、思い切って認知症の視点を導入してみることにします。今後、現代日本社会の日常について考える際に、認知症と自閉症は両方とも重要な位置を占めていくことでしょう。両方に共通しているのは、自己言及のパラドクスをどうよく生きるかというテーマなのです。

本書では、普通では横並びにならないような人々や文化が自閉症という一つの視点と関連づけられて取り上げられます。もちろん、「○○と△△とは似ている点がある」というアナロジーの視点には、怪しげな面があることは否定できません。ですが本書では、このアナロジーの視点を字義通りに受け取ろうと思います。本書で重要なキーワードの一つは（常数としての）マニエリスムですが、マニエリスムにとってアナロジーは大切な役割を果たしてきました。アナロジーの乱用は、学問的厳密さから言えばいろいろと問題がありますが、思い切った想像力が発揮できる恰好の場でもあります。本書がそのような場をつくりあげられていれば幸いです。

第1部 自閉症がつくる文化

第1章　若冲からチューリングへ

若冲という驚き

二〇〇〇年、江戸時代の日本画家・伊藤若冲の展覧会が開かれました。一般的に言えば、西洋画の展覧会に観客が押し寄せて社会的ブームにまでなることは時々ありますが、日本画では稀です。ところがこの展覧会は大人気となり、それ以降今日に至るまで若冲は一般の人々から熱狂的な注目を集めています。美術史研究においても若冲は、比較的最近になってから「奇想の画家」の一人として注目されるようになりました。だとすれば、新しい美として一般愛好家たちから注目を集めるようになったのは当然かもしれません。ですが若冲ブームは大方の予想を遥かに超えた社会現象となりました。

従来の美術ブームでは、例えばゴッホのように、その画家の波乱の人生や悲劇が人々の関心を呼ぶという形が多かったのですが、若冲の場合は少し違うようです。むしろ、世間の喧噪から意識的に引きこもった人生態度が若冲の特徴です。近年、そのような一面的人物像を裏切る歴史資料が発見されたりして再考が進んでいますが、それでも画家・若冲のイメージは、従来の人気画家たちの情熱的だったり悲劇的だったりする人生とはかなり異なっています。

画家個人への関心にもまして、作品自体が一般鑑賞者の琴線に触れたという点こそが若冲人気の要だと思われるのです。若冲の絵は見た瞬間、鑑賞者の美術史知識の有無を超えて、純粋に視覚的な驚異を引き起こしました。辻惟雄は若冲ブームについて「見た人がそれぞれのウェブサイトで、若冲に初めて出会った驚きを伝えた、という「電子口コミ」の効果があったようだ。」と記しています（辻 2016:17）。以下では、いくつかの作品を取り上げながら、若冲が引き起こした驚きの一端について考えてみます。そこで取り上げる若冲画の様々な特徴すなわち、イメージの反復・高精細な描写・ジグソー・パズル的な平面性などが本書全体のキーワードであり、それらと自閉症との関わりについては後の章で詳しく論じることになります。

時間と反復

若冲作品中でも最高峰をなす花鳥画シリーズ「動植綵絵」三〇幅の中に、落雁を描いた「芦雁図」という画があります。真っ逆さまに飛翔し落ちていく雁の異様な姿は、画家の弟の死と関わる不安感の表れと解釈されています（太田 2016:43）。ですがこの画で不思議なのは、精密に描かれた雁がまる

伊藤若冲「芦雁図」
（1766 年前後、宮内庁三の丸尚蔵館 蔵、東京文化財研究所 画像提供）

で静止しているように見える点です。もちろん絵画なのですから、止まって見えるのは当然かもしれませんが、それをまるで飛んでいるかのように描こうとするのが通常の絵画です。ところがこの画は、超絶技巧を駆使しながらも物体の運動を描こうとはしていないように見えます。

私たちは高速度撮影カメラ技術によって初めて、高速な運動体の一瞬を捉えられるようになりました。疾走する馬の四本の足が同時に地面から離れる瞬間があることが、カメラ撮影によって初めて分かりました。しかし若冲画は、カメラ発明以前に、急速に動く物体の静止画像を描いています。もちろん、有名な北斎の版画「神奈川沖浪裏」も、海の大波の静止像を描いていますが、北斎の描く静止は波の運動を内に含んでいます。対して若冲の「芦雁図」は逆に、どんな運動体も静止状態の積み重ねにすぎないと仄《ほの》めかしているように見えます。落下する雁はいつまで経っても、凍った水面にたどり着けなさそうです。まるで「飛んでいる矢のパラドクス」のように。

弓を使って矢を放てば、矢は一〇メートル先にある的に当たります。その際、的までの距離の半分の地点（五メートル地点）を必ず通過します。そして五メートル地点に到達するためには、そこまでの半分の地点（二・五メートル地点）を必ず通過します。このようにして、ある地点に到達するためには必ず、そこまでの半分の地点を通過しなくてはなりません。この手順に終わりはありません。つまり、矢は的に当たるまでに無限個の点を通過するわけで、それには無限の時間がかかってしまうことになります。普段考えはしませんが、線上の一つの点と隣の点との間に、そもそも距離などというものはあるのでしょうか。

デジカメのおかげで、かつては専門家しか入手できなかった高精細の静止画像が身近になりました。また、アナログではなくデジタル形式のビデオの普及によって、動画の一瞬だけを静止画として鑑賞するのも容易になりました。現代の私たちは、運動の中の静止を簡単に手に入れられるようになったのです。

一つの対象に対し鋭く意識を集中することで、私たちは高精細情報を得られますが、そのような限局的集中によって得られるのはあくまで静止画であって、動きそのものは把握できません。どんなに動きの滑らかなアニメーションであっても、それは基本的にパラパラ漫画の原理で動いています。運動を表現する際には、ほんの少しずつ異なる画像を反復的に大量に提示し続ける必要があります。それでもなお、物体が動く時の変化、つまり時間の経過は連続的にしか見えません。動きと時間には、解明すべき何か不思議な性質があるようです。

「動植綵絵」に先立つ作品「群鶴図」では、七羽の丹頂鶴がほぼ一列にひしめき合って立っている姿が斜めから描かれています。不思議に思えるのは、これら七羽が、ポーズは異なるとはいえ、基本的に同じイメージだという点です。「動植綵絵」の「池辺群虫図」ではほぼ同じ姿勢の蛙が七匹、「蓮池遊魚図」では同じ姿勢の鮎が九匹、「群鶏図」では鶏の数は一三羽、「秋塘群雀図」ではよく似た雀が六〇羽近く飛翔します。それらの姿も静止して見えます。まるで一羽の画像のコピー・ペーストを繰り返したかのように。そこには純粋な反復のリズムがあります。

確かに「動植綵絵」の他の作品、例えば「群魚図」や「諸魚図」を見ると、種類の豊富さへの関心が表れていて、江戸時代に人気を博した本草学（江戸時代の博物学）とのつながりが窺えます。ですが純粋な博物画ならば、同じ対象を繰り返すのではなく、一つ一つが別物である必要があります。一点たりとも同じ画がない図鑑がその典型です。そうでなければ、世界の多様性を表す博物学とは言えないでしょう。ところが若冲画では、複製されたかのように同じ姿勢の同種の生物が反復して描かれています。

若冲晩年の「百犬図」では、数十匹の子犬が画面を埋め尽くしますが、それぞれに模様・色・仕草が異なるので、一見すると多様に見えます。ところが、よく見ると、子犬たちの顔が同じ目鼻をしていることに気づきます。人間と違い動物の顔には個性がないからだとも思えますが、こと「百犬図」に関しては、模様・色・仕草の多彩さが顕著なのに、目鼻だけが同一性・反復性を示しているのが印象的です。子犬が密集しているので余計にそう感じるのかもしれません。子犬たちは互いに隣接し合い、紐のようにつながっていて、まるで電車ごっこをして遊んでいる子どもたちのようです。同じ形が複製・反復されているありようを見ると、空間が強調される分だけ余計に、時間が消去されているようにも感じます。

点描と枡目

「動植綵絵」の「紫陽花双鶏図」はアジサイを描いていますが、この画の特徴は、塗り重ねがないと

伊藤若冲「百犬図」（1799年）

いう点にあります。花や枝や葉、雄鶏の尾羽などが絡み合っている箇所でも「すべて塗り重ねが一か所もない」のです（無署名 2014:18）。色同士、形同士は互いに触れ合うことなく慎重に並置され、はめ込まれています。アジサイの無数の装飾花はジグソー・パズルのピースのようです。このような多数のピースを並列するやり方が徹底されていくと、最後には点描法へたどり着くでしょう。無数の点を、重なり合わないように横並びに置いていくのです。

若冲の人気作には動植物をクローズアップで描いたものが多く、人物画や風景画はあまりありません。それでも、若冲独自の風景画と言うべき作品に「石燈籠図屏風」があります。この屏風では、近景には石燈籠・柵・樹木が、そして遠景には山並みが描かれています。ところが奇妙なことに、近景の構成要素のうち、樹木は通常の水墨画技法で描かれているのに、石燈籠や柵は一種の点描法で描かれているのです。

水墨画における伝統的な点描として「米点」という技法がありますが、それは主に遠景描写のための技法です。遠くのものは非常に小さく見えるので、点を用いて描写できるわけです。ところが、「石燈籠図屏風」では、近くのものに対して点描が用いられています。この場合の点描は、「灯籠や玉垣の石の質感」を表現するために用いたのだろうと考えられています（小林 2016:102）。とは言うものの、対象に近づき拡大して見て初めて感じ取れるミクロな「石の質感」が、遠景の山並みのマクロな表現とともに一つの画面に同居しているために、遠近法が歪んだような奇異な印象を受けます。

そもそも風景画は全体の姿を描くものです。近景と遠景が互いに譲り合い、一つの全体としてのまとまりを醸し出すことによって風景画は成り立ちます。逆に言うと、個々の対象を細密に描きすぎてしまっては、風景という全体は成立しません。ところが「石燈籠図屏風」では、近景の点描法と遠景の描き方とがあまりに異質であるため、近景と遠景とが互いに空気を読み合っていないかのような、ぎくしゃくした感じがします。

点描法と言えば、若冲の一世紀後に登場するフランスの画家スーラたちの点描主義が有名です。一見すると両者は似ていますが、スーラたちの点描主義は、様々な色の細かな点を多量に並列することによって、遠くから見た際に、色が濁らずにうまく混ざり合って、清新な光の効果を生み出すための技法でした。つまり、近くで見るための技法ではないのです。それに比べると若冲の点描は、思わず画面に眼を近づけたくなるような描写です。縦一メートル半、横三メートル以上の大きな屏風に、近くで見たくなる点描法を用いるというのは、ノンセンスな感じがしますが、若冲は驚くべき根気強さで広大な画面に無数の点を打っています。まるで反復自体が楽しみであるかのように。

この屏風は最近の高精細テレビを思い起こさせます。かつてのテレビは画面に近づくとかえって見にくく、ある程度距離をとって見る必要がありましたが、高精細テレビは近づいても見られます。この屏風に限らず若冲作品は概して、近づいて見たくなるのが特徴です。

点描法と同様に、「枡目描」技法も反復を必要とします。枡目描では、絵全体に縦横の線を引いて、絵を小さな枡目に分けます。そして一つ一つの枡目に順に色を塗っていきます。つまり色面を一筆で連続的に塗りはせず、わざわざモザイク状の部分へと非連続的に分割して描くのです。それはまるで、無数の点をつなぎ合わせて一本の紐をつくるのに似ています。枡目描の発明は、京都・西陣織の制作工程で用いる下絵からヒントを得たのではと言われています（泉 1999）。倦《う》むことのない職人的作業の繰り返しが、この屏風に不思議な雰囲気を与えているわけです。

デジタルな若冲

若冲が二一世紀になって急速に一般大衆に受け入れられるようになった原因は何でしょうか。おそらくデジタル技術の発達がその一因でしょう。若冲作品は近づいて見ることで魅力が増しますが、展覧会ではガラスケース内にあるので、十分に作品に近づけません。ところがデジタル画像であれば、細部を自由に拡大して見られます。現代の私たちはスマホやパソコンのおかげで、あらゆる画像を拡大して見る習慣を身につけました。また、美術鑑賞のために単眼鏡を持つ鑑賞者も増えたようです。このような習慣の変化が若冲画を身近にしました。

さらに、画面構成が平面的である点も若冲の特徴です。もちろん、西洋画に比べれば日本画全般が平面的なのですが、その中でも若冲の平面性は際立っています。もちろん、洋の東西を問わず、博物画はみな平面的です。現代の図鑑を見れば明白なように、博物学の眼差しは多様な対象を同一平面上に横並びさせるからです。ですが若冲の場合、平面的なだけでなく、同じ対象が複製・反復されています。先述したように、博物学的な視点からすれば同じ対象を反復する必要はないはずです。

ところが現代の私たちにとっては、同じ対象が平面的に反復されるという配置は馴染みがあります。多数の同じポスターが電車内に並べて貼られている風景や、同じ商品が多数並んでディスプレイされている店頭の様子は、私たちの日常です。デジタル技術のおかげで、同一物の複製は飛躍的に簡単になりました。二個つくるのも一〇万個つくるのも、さほど違いはありません。私たちは図らずも、二一世紀デジタル文化と親和的なイメージを、江戸期の「奇想の画家」の中に見つけてしまいました。

平面的な日本画が目指す先は、奥行きをつくりだすことです。この場合の奥行きとはまず、余白を用いて空間の広がりを示すことを意味しますが、そのような表現を通じて最終的には、心の奥行きを追い求めているのです。ところが若冲の作品はそのような奥行きに欠けています。「あたかもローラーで圧し展げたように、すべての部分が均等な質感と密度で描き込まれた、特異な平面性」が展開されます（辻 2015:234）。

太田彩との対談で辻惟雄は、景観を構築する円山応挙に比べて、若冲がある意味で「プリミティヴ」だと主張しますが、その際に、「紅葉小禽図」の紅葉がすべて平面的に「こっちを向いている」点を挙げます。もしも画を構築的に描こうとしたならば、いろいろな向きの葉を組み合わせるでしょう。ところが、「自分の世界に入り込ん」でいる若冲はそうしませんでした。その中で辻は、「画面全体が均等というのはプリミティヴというか、ある意味アウトサイダー・アートに近いとも言えますね」と指摘している（辻・太田 2016:27,28）。

若冲が長らく正統的美術史から認められなかった理由の一つはこれでしょう。若冲はアウトサイダーだったのです。ところが、デジタル文化に慣れた現代人の眼には、若冲の徹底した平面性は奥行きの欠落というよりも、新しい魅力として映り始めました。

自分の世界に入り込んでしまった人のデジタルなアウトサイダー・アート。それが現代人の眼に映る若冲の姿です。そこにかっこよさを感じる人も多いでしょうが、そのような作者が当時の社会で孤独だったとしても不思議ではありません。実際に若冲は、自ら選んだ形で孤独な生活を送ったようです。若くして若冲は京都の大店《おおだな》の後継者としての仕事を弟に譲ってしまい、隠遁生活に入ります。それでは若冲は、実務能力が低くて仕事がうまくできないので隠退したのでしょうか。近年の研究によれば、意外なことに隠退後に大きな社会的活動を先導したことが分かってきました（狩野 2016:56）。さらに、ちょうどその活動の時期、若冲が明らかな社会的上位者に対して「無礼ともいえる申し出」をしたという記録も残っています（狩野 2016:82）。このエピソードも、通常の孤独な画家のイメージとは食い違います。

こう見てくると、彼の孤独は必ずしも、能力の低さや引っ込み思案ゆえに世間から弾き出されたのではなかったようです。何が彼を孤独へと導いたのでしょうか。作品の視覚的な魅力に加えて、その不思議な生き方のメッセージが、社会と自分との距離を計りかねている現代人の関心を惹きつけるように思われるのです。

チューリングの思考する機械

ここから美術史とは別な話題へ転じます。以前『自閉症の社会学』という本を書きましたが、それは、私たち家族に自閉症のある子がいるからです。それだけではなく私自身が自閉症的ではないかとの指摘を複数の当事者から得ています。それ以来、自閉症と社会・文化との関係を考えながら今日に至っているのですが、その私から見ると、若冲の作品世界が自閉症の世界と重なって見えます。

このことは必ずしも作者の若冲が自閉症だったという主張ではありません。むしろ、二〇〇〇年に開催された大規模な展覧会をきっかけに、つまり二一世紀に入って若冲作品に強く惹かれるようになった現代人の感性こそが自閉症と親和的になってきたように思えます。若冲人気が上昇した時期はちょうど、日本社会において自閉症への関心が高まった時期と一致しています。また、同時期に様々な領域でＩＴ化が進行しました。ＩＴ技術やその産物である文化が若冲人気の基盤となったようだという考えは既に述べましたが、さらに進んで、若冲画を媒介にして自閉症の問題とＩＴ化を結びつけられるのかもしれません。

江戸時代の「奇想の画家」。二一世紀になってようやく広く知られるようになった脳の機能障害。そして社会全体への科学技術の影響。これら三つを結びつけようと試みるのは無謀かもしれません。ですが、若冲研究で知られる辻惟雄は最近、「若冲の人格と作品が「自閉スペクトラム（略称ＡＳ）」と多様な関係を持つこと、言い換えれば、若冲の制作や行動にまつわるさまざまな謎が、ASによって解けること」を指摘していて、その論拠として、二〇一九年に『日本病跡学雑誌』に掲載された華園力の論文「伊藤若冲――創造性の地下水脈としての自閉スペクトラム特性」を挙げています（辻 2020:241）。また、自閉症とIT化を結びつけて考える可能性については、近年の映画『イミテーション・ゲーム』で取り上げられた歴史上の人物の存在が示唆的です。その人物とはイギリスの数学者アラン・チューリング（一九一二～一九五四）です。

チューリングは第二次大戦後に若くして亡くなりましたが、戦争中、極秘活動によって敵国ナチス・ドイツの暗号解読に大きく貢献しました。映画はこの知られざる貢献に焦点を当て、明示的ではないものの、チューリングを一種の自閉症的な人物として描いています。

また、イアン・ジェイムズは、アスペルガー症候群（大まかに言って、あるタイプの自閉症の呼称でしたが、近年は用語が様々に変化しつつあります）だった可能性のある偉人たちを取り上げた評伝の中でチューリングを取り上げています。それによれば、チューリングは戦時中の極秘任務に従事していながら、空気を読まずに「与えられた指示を字義どおりに解釈する癖があったため」、機密保持の点で数々のトラブルを引き起こしました（ジェイムズ 2007:240）。そのようなエピソードと対独戦争での大きな貢献とは奇妙にアンバランスです。

チューリングは、後に「チューリング・マシン」と呼ばれる計算機械のコンセプトを構想し、これが現在のコンピュータへとつながるプログラム内蔵式コンピュータの出発点となりました。チューリング・マシンは、一本のメモリ・テープと、そのテープ上の一点が空白か０か１かを読みとるスキャナという二つの部分だけでできています（コープランド 2013:327）。マシンが作動する際には、このメモリ・テープが左右両方へ動き、スキャナがテープ上の一点の情報を読みとることを繰り返します。これはきわめて機械的でシンプルな装置と言えます。ところがチューリングは、究極的にはそれだけで人間のあらゆる思考を再現できるはずだと考えました。

この説明だけだと、メモリ・テープ上にはただ情報が並んでおり、それをスキャナが一方的に読みとるだけに思えます。ところがそうではなく、「Ａの場合には、Ｂをせよ」という類の複雑な命令プログラムもまた、メモリ・テープの上の情報（空白か０か１か）として記録可能であると彼は考えました（コープランド 2013:330）。この仕組みは「プログラム内蔵式」と呼ばれます。

つまり、情報それ自体と、情報処理の仕方（あえて言えば思考）とが区別されることなく両方とも、一本のメモリ・テープ上に一列の記号として記録されるのです。もちろん現実には、人間の複雑な思考を再現するためには途方もない長さのテープが必要でしょう。ですがそれは本質的な問題ではありません。思考実験としてならば、テープはいくらでも長くできますし、計算時間は原理的にはいくらでも延長できますから。無限でさえなければ、有限の時間がどんなにかかっても構いません。重要なのは、どんな複雑な思考も、情報と同等のものとして、最終的には一本の線上に並べられるという発想です。

チューリングのユニークさはこの「プログラム内蔵式」にあります。たとえ話で説明しましょう。

ここにガソリン・エンジンがあるとします。エンジンという仕組みが堅牢な固体として存在し、そのエンジンの中へ、原料であるガソリンという液体を流し込むことで、ガソリン・エンジンは駆動します。この場合、エンジンとガソリンとは対等な横並びの関係にはありません。あくまでエンジンが主役で、その中にガソリンを脇役として入れるのです。ガソリンの成分を変えるのは比較的簡単ですが、エンジンのメカニズムを変えるのは簡単ではありません。エンジンに手を加えるためには、工具による専門作業が必要です。

プログラム内蔵式より前のコンピュータは、上記のような発想法を用いていました。すなわち、計算する場合、扱う原料としての数値がソフトウェア（情報）であるのに対して、扱い方を指示する計算式はハードウェア（機械装置）の一部をなしています。つまり、情報と思考は互いに別次元にあります。思考は情報に対してメタ水準にあると言えるでしょう。したがって、計算式を手直しするためには、配線を変えるなど、機械自体を改変する必要がありました。例えば、足し算を引き算へ変更するだけでも、機械の配線を変更しなくてはなりませんでした。ところがプログラム内蔵式だと、情報の数値を変えるのと同じ簡単さで、計算式を変えられるようになったのです。それまで連合国側は、ナチス・ドイツの暗号が頻繁に更新されたために、その度に計算式を機械レベルで変更しなければならず、解読が間に合わず困っていました。この問題が一挙に解決したのです。

プログラム内蔵式では、計算式も、原料としての数値と同じようにソフトウェア（情報）です。原料（ガソリン）も、原料を扱う計算式（エンジン）も、対等な横並びの関係にあります。これは、現在の私たちにとっては当たり前です。文書や画像のデータがCD－ROMに収められているのと同様に、文書作成や画像処理のためのアプリケーション・ソフトも、同じCD－ROMに収められているのですから。それどころか、すべての基盤であるオペレーション・ソフトですらCD－ROMに収まるのです。ですが、パソコンの画面（グラフィカル・ユーザー・インターフェイス）上で、文書データとアプリというまったく異質のものが同じようなアイコンで表示されているのは、考えてみれば奇妙です。アプリの方が文書データよりメタ水準にあるはずなのですから。これは比喩的に言えば、ガソリンとエンジンが同質のものとして同じパッケージに収められているようなものであり、画期的な発想法でした。

そこには何かしら自己言及の雰囲気があります。ガソリンをエンジンに注ぐ際には、ガソリンとエンジンが異質であることが前提ですが、もし両者が同質だったならば、「注ぐ」という動作はできないでしょう。ところが比喩的に言えば、プログラム内蔵式ではガソリンとエンジンが同質なのです。原料である文書や画像が0と1の二進法でできているのと同様に、アプリも0と1の二進法でできているのですから。

だとすれば、自己言及的にエンジンをエンジンに注ぐこと、つまりアプリ自体をアプリ（自分）にとっての原料にできそうに思ってしまいます。「クレタ人は嘘つきだ」と言うクレタ人のパラドクスと同様に。発言したクレタ人自身（アプリ）が、自分（アプリ）の発言の言及対象になってしまうわけです。

確かに、このような自己言及パラドクスは厄介な事態です。しかし、人間の思考にはこの種の自己言及が不可避なように思います。なぜなら、人間だけが自分の思考それ自体について思考可能ですから。だとすればプログラム内蔵式コンピュータは、計算機械というより、人間の思考それ自体に似ていないでしょうか。ともあれ、このような大転換を導き、プログラムがハードではなくソフトウェアだという現在の常識を準備したのがチューリングでした。彼にとって「コンピュータはただの高速計算機ではなく、人間の脳の機能を説明し、それを実現させるマシンだった」のです（服部 2013:403）。

チューリング評伝の著者B・ジャック・コープランドは、従来、専門家筋だけからの高い評価に留まりがちだったチューリングこそ、「パソコン、ゲーム、電子音楽、ロボット、ネットワークまで、情報社会の基礎となるありとあらゆる分野を手掛けた、いわばコンピュータ科学の始祖」だったと、その重要性を主張しています（コープランド 2013:400）。

ぴったりとはまらない人

コープランドはチューリングの人物像を、様々なエピソードをちりばめながら語ります（コープランド 2013:3,5）。それによればチューリングは、同じ時代に同じ問題を論じている他の研究にまったく無関心で、他人がどう考えているかを意に介しませんでした。そのためか、彼は他者に対して「非常に失礼な態度」をとることがありました。かといって彼は陰気な人間ではなく、「おおらかで陽気、人真似をするおかしな人」であり、誰かと一緒に居たがりました。にもかかわらず、「どこかにぴったりはまる」感じはありませんでした。その変人ぶりは「生まれつきの髪の毛の性質のような自然の力で、自分ではどうすることもできなかった」のです。

チューリングは他者との関係を求めながらも、異なる図柄のジグソー・パズルから一個だけ別のパズルへ紛れ込んだピースのように、「どこかにぴったりはまる」ことなく孤独でした。しかし、チューリングの生きた時代、彼の孤独が何に由来するのか、「生まれつきの髪の毛の性質のような自然の力」とは一体何だったのか、周りの人々にも彼自身にもよく理解されませんでした。四一歳の若さで彼は不可解な死を遂げます。

チューリング・テストが指し示すもの

チューリングと言えば「チューリング・テスト」が有名です。機械が思考するかどうかを検証するために考案されたテストですが、そもそも機械に対してそのような可能性を考えること自体がユニークです。人間に向けるべき態度を機械や物に対して向けること自体、一種のノンセンスなのかもしれません。人間に対して、物に対するような態度をとることがノンセンスなのと同様に。

チューリング・テストにおいて被験者は、目に見えない相手と、現在のメールに似た装置を使い、文字だけでやりとりします。そのやりとりの内容だけから、相手が人間か機械かを判定しようというのです。もし相手が人間であるならば、被験者をだまそうとして機械のふりをするかもしれませんし、逆に相手が機械ならば、計算問題の質問にわざと間違えたり、回答するまであえて時間をかけたりすると、だまされてしまうかもしれません。このテストで、人間だと判定されてしまう機械が現れれば、その機械は人間のように思考していると見なしてよいのではないか。こう考えたわけです。

このテストが興味深いのは、わざわざ文字のやりとりの内容だけから、人間か否かを判定するという縛りを設けている点です。大抵の人はおそらく、そのような制限を思いつきもしないでしょう。なぜなら、人間と機械が異質なのを当たり前と思っていて、どちらなのかを判定しなければならない状況が起こりうるという可能性をそもそも考えないからです。そのように思い込んでしまう一因は、他の人間には自分と同じような自己があるはずだということをあまりに自然に納得していることにあります。ですが、他人の中にも自分と同じような自己があるはずだということ、つまり、他人はもう一人の別の自分（alter ego）であるはずだということをあまりに自然に納得していることにあります。ですが、他人の中にもう一人の自分を見出せない人にとってはどうでしょうか。人が機械のように見え、逆に機械が人のように見えるのではないでしょうか。

ですが、人間と機械をあえて横並びにしてしまうチューリングの思い切った発想こそが、現在に至るＩＴ社会の出発点となりました。人間にできることと機械にできることの境界線を越える試み、人間にできることをあえて機械にやらせてみるという、一見して遠回りで奇妙な試みが、社会を挙げて始まったのです。

例えば、文字を書くことは人間独特の行為ですが、その筆記行為と、コンピュータが0と1だけで文字をつくるビットマッピングは質的に異なります。コンピュータは、人間の手書きだと一筆で書けてしまう文字をわざわざ、微細な点の「枡目描」的な集合としてデジタルに組み上げます。確かにそれは迂遠なやり方で、デジタルにつくられた文字や絵は長らく、アナログな手書きの美しさに及びませんでした。ですがその技術が一旦実現してしまえば、いくらでも精緻化や高速化が可能でした。おかげで今、デジタルなビットマップはいくらでもアナログの美しさに近づけるようになりました。

人間は手で木箱を開ける際に、難なくその手順をこなせます。ですがコンピュータが同じことを行おうとすれば、緻密な計算と精密機械を駆使して実行せざるをえません。それはあまりに遠回りなので滑稽に思えますが、この迂遠な処理法をいくらでも高速化できることこそ、コンピュータの得意技です。チューリング・マシンのメモリ・テープはいくらでも長くできるし、速く動かすことができるのですから。

チューリングの発想は、コンピュータが活躍する現代社会の基盤となってきました。さらにチューリング・テストは、「そもそも人間は人間の話をきちんと聞いて、それに対してきちんと答えられているのだろうか」という根源的問いとつながります（新井・安西 2012:66）。コープランドのチューリング評伝では、チューリング・テストとの関連で、人間の会社役員とコンピュータ「イライザ」との間で交わされたメール的なやりとりが紹介されています。その役員はメール相手を人間（ＩＴ技術者）だと勘違いしており、最後には相手に対して怒り出してしまいます。

「役員―今朝は、コンピュータを使えるかね。／イライザ―なぜそんなことを聞くのですか。（中略）／役員―私の狙っている顧客がうちのシステムのデモを見たことがないので。／イライザ―それはそんなに大切なことですか。／役員—もちろんだとも。／イライザ—それにはとても前向きですね。／役員—何をおかしなこと言っているんだ。／イライザ—おかしなこととはどういう意味ですか。」（コープランド 2013:286）

私見ではこのやりとりは、定型発達者と自閉症者の会話で定型発達者の方が怒り出してしまう状況を思い起こさせます（イライザについては、フリス 2009:70 も参照）。ちなみに「定型発達者」という表現は近年使われるようになった造語であり、いわゆる健常者のことを発達障害者の視点から相対化して、〈そのあり方が絶対的に正しいというよりは、多数派として典型的な発達の道を歩いている〉という意味で、そう呼んでいるのです。

イライザへの怒りも自閉症者への怒りもともに、相手がもう一人の自分であり、自分と同種の存在のはずだという思い込みから生じています。ちなみに近年、ロボット研究と自閉症研究をつなげる試みがなされているのは示唆的です。このことは、自閉症者がロボット的な振る舞いをすると理解すべきではなく、未来のロボットを構想する上で自閉症研究が役に立つ可能性があると考えるべきでしょう。人がロボットに向き合う時、そのロボットがもう一人の自分なのかどうかは今や微妙な問題となってきました。ともあれ、人間とコンピュータを横並びに考えるチューリングの発想は、人間が人間について自己言及的に考えるきっかけとなりました。人間であることはもはや自明の前提ではなく、慎重に自省すべき対象となったのです。人間について自己言及的な考察を促す点では、チューリングの発想は多くの現代芸術とも似ています。

以上、伊藤若冲の作品からＩＴ化へ、そしてチューリングへとつなげてきて、そのつながり方が自閉症と共鳴関係にあるのではないかという私見を述べました。若冲とチューリングを結びつけてしまう本書の試みは無謀かもしれません。若冲とチューリングとでは、時代背景も分野もあまりにかけ離れています。ですが実は、若冲とチューリングをつなぐためのヒントは、ずいぶん以前から既に提起されていました。それは、次章で紹介する「常数としてのマニエリスム」という考え方です。

第2章　常数としてのマニエリスムと自閉症

マンネリズムとしてのマニエリスム

これまで見てきたように、伊藤若冲の絵画と、チューリングから始まったデジタル文化は、現代日本において熱心に受容されています。では、両者を結びつける補助線はありうるでしょうか。私見によればそれは「常数としてのマニエリスム」です。マニエリスムというのは本来、ルネサンス期からバロック期の間にかけて登場した誇張的で技巧的な美術様式です。マニエリスムは、均衡のとれた安定を目指すルネサンス美術の時代と、動的で劇的な偏りを大胆に表現したバロック美術の時代の狭間に登場しました。

マニエリスムは、ルネサンスを字義通りに追求しすぎて、ルネサンスが完成させた全体性の秩序が失われてしまうほどに技巧やディテールが過剰になった結果として生まれました。かといってマニエリスムは、バロック美術ほど画期的に新しい段階へ突入したとは見なされませんでした。すなわち、ルネサンスとバロックという明確な二つの様式の狭間に現れた過渡期にすぎないと永らく思われてきたのです。

結果的にマニエリスムは二〇世紀まで、高く評価されませんでした。この様式は当時の不安定な社会状況や精神的危機の反映と見なされて、そのことが独特の不安感や移ろいやすさを鑑賞者に感じさせるのだと解釈されてきました。個々の部分を見ている限り、技巧的な精緻さに感嘆せざるをえないのですが、絵全体として見た場合にはどうしても違和感が拭えないのです。

作品だけでなく作品を生み出した画家やそのパトロンの生活にも不安定さが垣間見られます。画家ヤコポ・ダ・ポントルモは「自分の家に特別な部屋を作って、自分がそこへ上ると、昇りばしごを上げて誰も入れないように」しましたし、エル・グレコは自室内を厚いカーテンで日光から遮りました（若桑 1994:30）。また、パトロンだったフランチェスコ・デ・メディチは窓のない部屋をつくらせ、その内部を絵画で隙間なく飾らせました。

これらのエピソードは「彼らがどんなに自分の内面にしか生きられなかったか。どれほど「外部」とのつながりを恐れたか」を示しています（若桑 1994:30）。ルネサンス美術は公共の場を堂々と飾り、バロック美術は大向こうを唸らせるように華やかに描かれました。対してマニエリスムは、世界という外部に対する漠然とした不安に取り憑かれていたのです。

とは言うものの、マニエリスムは必ずしもルネサンスの否定ではありません。むしろルネサンスの達成を尊敬し、それを文字通りに模倣し繰り返した挙げ句、ルネサンスでなくなってしまったのです。ですが一般的に言って、「誰かの模倣とくりかえし」によって「独創的」という評価を得るのは困難です（若桑 1994:11）。マニエリスムは、ルネサンスから見れば同等の水準とは見なされず、かといって、バロックのように画期的な新機軸を明確に示せませんでした。マニエリスムから転じた「マンネリズム」という日常語が、貶《おとし》めるような否定的ニュアンスを持つのはそのためです。

物量と孤独

ところが二〇世紀後半になってマニエリスム観は変貌します。グスタフ・ルネ・ホッケ（一九〇八〜一九八五）は、師である文化史家クルティウスのマニエリスム論を継承し、この用語を時空を越えたコンセプトへと発展させました。それが「常数としてのマニエリスム」です。自然科学用語としての常数（constant）とは、通常、定数とも表記されますが、変数（variable）の対語であり、様々な状態変化にもかかわらず常に変化しない数値です。ホッケは、マニエリスムが美術史上一回きりの現象ではなく、時代や場所を超えて繰り返し現れると考えました。万有引力の常数が、時と場所を超えて普遍的に当てはまるのと同様に。

その結果生まれたのがホッケ著『迷宮としての世界』（一九五七年刊、邦訳は一九六六年刊）でした。この本は美術史の枠を超えて「近代人の問題性」を論じています（ホッケ 2011:242,288）。題名通り、世界のありようを論じた書物とも言えます。ホッケの議論は複雑に錯綜しており、彼のマニエリスム観を概観するのは容易ではありませんが、ここでは、マニエリスム美術の出発点であったイタリアの画家ヤコポ・ダ・ポントルモ（一四九四〜一五五七）を取り上げます。

『迷宮としての世界――マニエリスム美術（上）』の冒頭で「最初の衝撃」として取り上げられているポントルモは「畸人」であり、「みすぼらしい、容易なことでは中に入れないアトリエに梯子を使ってよじのぼっては、ひとが中に入れないようにその梯子を引き上げてしまう、気難しい厭世家」でした（ホッケ 2010:51,52,54）。政治的緊張状態にあったフィレンツェで、ポントルモはミケランジェロの強い影響下に「最後の審判」図のデッサンを描きました。

ですがホッケによれば、そのデッサンから読みとれるのは、ポントルモが「その奇妙な孤独と「サトゥルヌス的な」唯我独尊にとじこもりながら、一五二〇年から一五五〇年にわたるこの時期の人間が、どのようなまったく新しい問題に直面しており、なお直面することになるかを、如実に予感していたこと」（ホッケ 2010:55-56）なのです。「寄るべなさ」の感情が、「すべての部分の調和、均斉、節度、円、整合的な中心という、アルベルティ風のルネッサンスの完全性の理想を敵に回して」登場してきます。古代神サトゥルヌスは憂鬱質のイメージと結びついていますが、それは、ルネサンス初期に活躍し、社交的で人々から慕われた万能の人文主義者レオン・バッティスタ・アルベルティ（一四〇四〜一四七二）の明朗な世界理解とは違って、内面へ沈潜するような瞑想的思考と親和的です。その気分は、ポントルモ個人を超えた時代の気分でもありました。

ちなみに、「一五二〇年から一五五〇年にわたるこの時期」とは「ローマ劫掠《ごうりゃく》」の時期のことです。宗教対立や国家間の利害関係の中で、カトリックの中心であり全体でもあるローマが徹底破壊されたのがローマ劫掠ですが、それはまさに「世界の没落」であり、ルネサンスの終焉でもありました（ホッケ 2010:168）。一つの世界は諸部分へと砕け散ったのです。

歴史上の劇的出来事であるローマ劫掠は確かにマニエリスム誕生の大きなきっかけでしたが、それだけではなく、その背後には社会全体の緩やかな変貌がありました。ホッケの議論を独自に展開する高山宏は次のように記しています。「十六世紀末から初期資本主義の蓄積が始まり、いわゆる市場経済が発展します。（中略）こうして人々の身の回りには、物がどんどんあふれていく。物量のプレッシャーが空前のものになったと感じたとき、人々がそれに対応する技術としてマニエリスムが生まれる」と。歴史上未経験の「物質のプレッシャーから生まれる「めまい」」に対して人々がどう対処するか。あふれかえる物量の無秩序をどのように整理整頓するか。これがマニエリスム誕生を導いた難問です。世界の全体性や中心が喪失したということはすなわち、諸部分のまとまりがつかないということでもあります。つまり「マニエリスムの根源には、できるだけ多くのものを集めて独自の方法で再編集するという一種のエディトリアルの問題」があったのです（高山 2016:235-236）。

物量は、副作用として孤独を引き起こす場合があります。物が増えれば増えるほど、物を抱え込む人は「世界に対する観察者という立場」へと追いやられてしまい、結果として相互作用的な世界から分離されていき、「全体からの孤立、〝孤独〟」が生じます。あるいは逆に、世界から切り離されたと感じる人は、物の蒐集によって孤独に耐えようとするかもしれません。「「物量」と「孤独」、この二つをどうつなげていくのか」という問いが深刻な課題として立ち現れてきます（高山 2016:242）。この難題に挑戦する試みの一つがマニエリスムでした。「ばらばらな世界を前に、ばらばらであることを嘆く一方で、ばらばらを虚構の全体の中にと「弥縫《びほう》」しよう」としたのです（高山 2007:62）。

美術史上では、神聖ローマ帝国の皇帝ルドルフ二世のプラハ宮廷で花開いた文化が、マニエリスムの代表例でしょう。当時、数多くの民族・文化・地理的多様性を擁するこの大帝国は、その全体性を維持しうる限界まで膨張し切っていました。帝国に君臨したのは、権力に不似合いの孤独で内向きな皇帝ルドルフ二世（一五五二〜一六一二）です。彼が帝国全土から珍奇な品々を集めたのは、単に権力誇示のためだけでなく、ミクロコスモスの秩序（蒐集品）がマクロコスモスの秩序（世界）と照応する様子を、目に見える形で示したかったのです。実際それらは、権力誇示にしてはあまり外部に向けて開かれてはおらず、むしろ、理解力ある選ばれた少数者だけが目にすることのできるコレクションとして、半ば閉じていました。

ルドルフ二世が寵愛した画家の一人がイタリア出身のジュゼッペ・アルチンボルド（一五二七頃〜一五九三）でした。彼の作品として、様々な物が寄せ集まって一人の寓意的人物像をつくるという仕掛けの寄せ絵があります。広大な帝国各地から取り寄せられた産物という〈量〉が集まって、個人の顔という〈質〉を浮かび上がらせるのです。これもミクロコスモスとマクロコスモスの照応の一例でしょう。宮廷へ呼び寄せられた人材には他に、ティコ・ブラーエやヨハネス・ケプラーのように、精密で膨大な観測データの集積からマクロコスモスの秩序法則を見出そうとする学者もいました。彼らにとって世界は、機械仕掛けとして観測可能な対象なのです。宮廷の蒐集品には文字通り、精密な機械仕掛けの物品も含まれていました。アルチンボルドについては第5章でもう一度触れます。

当時は未だ科学と魔術が十分に分化してはおらず、天文学者ケプラーは占星術師でもありました。プラハ宮廷は「魔術の帝国」の首都でもあり、「いわゆる〈魔術的宇宙観〉が錬金術、カバラなど百花繚乱のオカルト諸学として、また絵画、工芸、建築など、これらを主題とするさまざまな文化現象として最後の大輪の花を咲かせたマニエリスムの時代」のただ中にあったのです（中野 2006:348）。カバラとは、ユダヤ教の伝統から生まれた神秘主義思想ですが、世界の隠された根底を理解しようとする強い志向を持っており、西洋魔術や数秘術とも深い関わりがありました。考えてみれば科学も魔術も、部分を詳細に測定し実験することによって、世界という全体を理解し、できるならば思うままに動かしたいという欲望の表れという点では共通しています。アルチンボルドの寄せ絵も諸部分を多数集めて全体をつくろうとしており、その全体とは例えば、世界秩序の表現としての四季の擬人像でした。

あり余る富を蒐集へつぎ込んだルドルフ二世でしたが、彼も若冲と同様、世俗的権力を振るう立場を生来保証されていたにもかかわらず、早々にその座から去ることになります。ルドルフ二世のコレクションの美は後世の人々を驚かせましたが、当人の世俗権力維持にはあまり役立ちませんでした。彼は弟に権力を譲らざるをえない苦境へ追いやられます。かたや若冲も若くして家督を弟へ譲りました。幸い悠々自適となった若冲は、高級画材を惜しげもなく使って絵が描けたので、自らの絵を売るのには消極的でした。ですがその彼も晩年には貧窮に陥り、絵を生活の糧にせざるをえなくなります。

ＩＴ社会のマニエリスム

現代社会がＩＴ化の下、情報と物量を爆発的に流通・蓄積させていることを思えば、現代にマニエリスム的な傾向が見出せるのは不思議ではありません。ホッケは一九八五年、ＩＴ化社会の本格的到来を待たずに世を去りましたが、「常数としてのマニエリスム」という考えは他の論者たちによって受け継がれ、新たな展開を遂げます。

高山宏は次のように論じます。美術史上の本来のマニエリスムでは、「世界はひとつ（であってほしい）という希望」を当時の魔術思想へ託しました（高山 2007:80）。魔術によって世界に全体性を与えようとしたのです。他方、現代のマニエリスムは同じ希望をコンピュータへ託そうとします。複数の金属の組み合わせから金を生み出そうとする錬金術が図らずも化学の出発点となったように、魔術の目的と科学の目的はお互いに似通っています。両者とも、複雑な世界を法則で説明し、一つのやり方で制御したいのです。その目標達成のためには、魔術にせよ科学にせよ、物質や情報を組み合わせる実験という営みが必要なのです。

高山宏は「コンピュータソフトをつくる若者たちも、皆マニエリスム理論に乗ったマニエリスト」だと言います（高山 2007:85）。コンピュータ草創期、若者たちは電子情報を魔術師のように駆使して試行錯誤の末、様々なアプリケーションソフトウェアをゼロから創り出しました。コンピュータ関係において、ユーザーを導く便利機能として「ウィザード（魔術師）」という用語が使われているのは示唆的です。科学技術はコンピュータの登場とともに「再魔術化」したわけです。

圧倒的な情報や物量によって世界が全体性を失い断片化する危機を前にして、今や人々は世界から切り離されて孤独です。そんな現代に向き合う新たなマニエリストたちは、世界中から蒐集した膨大な諸部分を編集し、そこから新たな全体という虚構をつくりだして世界を「弥縫」しようとします。そのような魔術師の先駆けの一人がチューリングでした。彼の伝記映画『イミテーション・ゲーム』にも描かれた通り、彼は大戦中にナチスの暗号「エニグマ」を解読し、崩壊しつつある世界を弥縫しました。謎を解くことで世界を救ったのです。しかしながら大戦終結後、彼は世界から裏切られることになります。

日本のマニエリスム

ホッケ自身はマニエリスムを主にヨーロッパに限定して考えましたが、澁澤龍彥・種村季弘・高山宏ら日本の論者は、江戸文化の中にマニエリスムを見出しました。その一例が伊藤若冲です（高山 2011:317）。澁澤龍彥は若冲を日本における「マニエリスム的装飾主義者」の極北と捉え、アルチンボルドになぞらえました（澁澤 2016:37）。また、『迷宮としての世界』邦訳者の一人である種村季弘は、若冲の静謐な画面から「狂気に近い分裂と精神の錯乱」を読みとります（種村 2016:43）。

美術史上の本来のマニエリスムは一七世紀西欧社会から誕生しました。「中世の中心をもった全体像の単純（化）はもはやなく、バロックの全体的統一像はまだこない。世界は多様のなかに統一的世界像なく、分散した破片のうちにただよいながら刻々に姿を変える」（種村 2016:43）。そのような社会のありようが芸術に反映したのがマニエリスム絵画です。同様に、若冲の奇想の絵画も多かれ少なかれ江戸期日本社会の産物と言えるでしょう。

ですが種村が若冲の奇想を説明する際には、時代的・社会的背景に言及するとともに、「持って生まれた幼児性」「狂気に近い分裂と精神の錯乱」「分裂病者《（ママ）》の虚無への解体すれすれの錯乱」「幼児的窃視症的コレクショニズム」「覗き屋《ヴォアイウール》的なマゾヒズム」「多形的倒錯」というような精神病理的表現を用います（種村 2016:40,43,50,52）。それは種村だけではなく、彼が訳したホッケの『迷宮としての世界』自体も同様の表現を用いているのです。

若冲の奇想が何に由来するかの判断はともかくとして、若冲の画が「一種の奇妙な正面性」を帯びているのは確かです（種村 2016:48）。そこには、近景・中景・遠景の整序によって生み出される奥行き感が欠けています。そのため、すべての部分が重要にも見えます。ですが逆に言えば、どの部分も決定的に重要ではない、つまり中心ではありません。

「唯一つの中心は破砕し、画面は多中心的もしくは汎中心的に分解する。無数のエキセントリックな個別存在が同時に同じ強度で主張されるために、観者の視線は総合的な中心に向かって収斂されずにたえず画面のいたるところに分裂するか、もしくは鮮烈な細部から細部へと次々にさまよいながら永遠に中心に到達しない。」（種村 2016:49）

一九七一年、種村は若冲の世界をこのように描きました。ですが、これはそのまま今日のインターネット空間の描写ではないでしょうか。高山宏とも関わりの深かった由良君美は一九八五年に若冲を「ディスプレイの人」と呼び、彼の脳がコンピュータ的であったと主張します（由良 2016:137）。ディスプレイに表示されたネット空間のような絵画世界。マニエリスムの視点に立てば、若冲の作品は時空を超えて様々な連想を引き起こします。

マニエリスムと自閉症

このように「常数としてのマニエリスム」という観点は、チューリングと若冲の両方を包みこむほどの広がりを持ちます。ホッケたちはマニエリスムを、特定の時代の産物という歴史的制約から解き放ち、世界との関わり方をめぐる普遍的な思考様式の一つとして捉え直します。「常数としてのマニエリスム」論が人間の思考全般を射程に入れる以上、おのずと、芸術という領域を越えたテーマにも言及することになります。

そのような立場の結果だと思われますが、『迷宮としての世界』の中で何箇所か「自閉症」という言葉が登場します（ホッケ 2011:「索引（事項）」を参照）。ところが、刊行年からも推測できるように、それは現在の自閉症理解とは異なっています。例えば、ホッケの記述では無自覚のうちに、統合失調症と自閉症が区別されずに論じられているようです。『迷宮としての世界』が刊行された一九五七年頃には、現在のような自閉症に関する知見は未だなく、現在から見れば間違った自閉症観が広く受け入れられていました。その結果、自閉症者に対して、今日から見れば不適切な対応がなされてきたという悲劇的な歴史があります。自閉症に対する理解がようやく深まり始めたのは一九六〇年代をすぎてからです。時代的制約から来るホッケの自閉症理解の限界はやむをえませんが、今後、読む際には慎重さが必要でしょう。

ホッケが注目した文化が自閉症と本当に関わりがあるかどうかは未知数ですが、その可能性はあると私は思います。なぜなら、自閉症研究の進展に伴って、歴史上の人物たちの幾人かが実は自閉症的だったのではないかという議論が最近取りざたされているからです。

美術史上のマニエリスムは、ルネサンスの巨人ミケランジェロの技法を模倣しようとした画家たちが出発点だったとも言われます。時には、ミケランジェロ当人の晩期作品がマニエリスムの始まりとされることもあります。ところが現在、ミケランジェロは自閉症的だったのではないかという主張が一部でなされています（ジェイムズ 2007:27）。これは偶然の一致なのでしょうか。

自閉症理解の展開とホッケ著作の時代的制約の両方を踏まえた上で、もし現在の定説通り自閉症が脳の機能障害に由来するのであれば、自閉症が時や場所を越えて文化産物に影響を与えてきた可能性はあると思います。もしそうならば、マニエリスムの特徴の一部を「自閉文化」と名づけてよいのかもしれません。ちなみに「自閉文化」という言葉は既に別の文脈で用いられています（立岩 2014:235、註23）。

ただし注意すべきは、自閉という表現は自閉症〈発見〉以前から、統合失調症の特徴を表す言葉として用いられていたという点です。それが後に、統合失調症とは質的に異なる新発見の障害へと転用され、自閉症という名前が生まれました。辞書で自閉という言葉を引くと、統合失調症と自閉症の両方の記述が見つかります。統合失調症を正しく理解するためにも、両者の混同は避けねばなりません。

本書における「自閉文化」とは、統合失調症ではなく自閉症と何らかの関わりがあると思われる文化のことを指します。ですが自閉文化は、自閉症に関わっているか、あるいは、いないかという風に二項対立的に論じられないでしょうから、その点で曖昧な概念だと認めざるをえません。そのあり方は、後述するスペクトラム（連続体）の性質を持っていると言うべきでしょう。

ともあれ、ホッケの時代には無理だった考察が、自閉症研究の進んだ現在では可能になりました。それら新知見によって、「常数としてのマニエリスム」という魅力的な概念を自閉症論の視点から補完できればと思います。

「常数としてのマニエリスム」は一般論的には、「支配的な唯物主義の硬化した形式としてのリアリズムへの懐疑」の表れでもあります（種村 2011:285）。歴史上のマニエリスムは後世から見れば、リアリズム的な近代が本格的に到来する以前に早くも、近代への懐疑を先取りしたように見えます。その点でマニエリスム概念は、美術史上の様式や時代区分としての役割だけでなく、リアリズム精神や経済合理性に依存しがちな「近代人の問題性」一般に対する理論的批判という側面を持っているのです。私見では、自閉症の発見もまた近代に対する批判力を秘めているように思われるのですが、そのような論点を展開する前に、自閉症とは何かについて概観することから始めましょう。

第3章　自閉症とは何か

探究の途上にある問い

自閉症とは何かという探究は今なお途上にあります。現時点での理解の一端は医学的診断基準から窺い知ることができますが、診断基準はあくまで自閉症を識別するためのマニュアルです。つまり、植物図鑑で花の種類を同定する作業と似ています。例えば、タンポポという種類の同定は、タンポポが生きる姿を知ることの一端にすぎないのと同様に、診断基準は大変役には立ちますが、自閉症者を知ることの一部にすぎないことをご了承ください。

以下では、二〇一三年に出されたアメリカ精神医学会作成の『精神疾患の診断・統計マニュアル第五版』（Diagnostic and Statistical Manual of Mental Disorders 5th edition）、略称ＤＳＭ－５における「自閉スペクトラム症／自閉症スペクトラム障害（Autism Spectrum Disorder: 略称ＡＳＤ）」の診断基準を参照しながら説明していきます（日本精神神経学会 2014:49-50、連合大学院小児発達学研究科・森則夫・杉山登志郎編 2014:52も参照）。もっともＤＳＭ－５はあくまでアメリカ精神医学会の診断マニュアルであり、世界唯一の診断基準ではありません。ですが、日本においても良かれ悪しかれ大きな影響力を持っています。

さらに本書では、自閉症などの状態ではない人、いわゆる「健常者」を「定型発達者」と呼ぶことにします。この用語の背景には、自閉症当事者から発信された新しい人間観の台頭があります。つまり、発達の道筋は一本道ではなく複数あり、そのうちの多数派がこの社会に最も適合的な道筋をたどっているわけですが、そのような人々を「定型発達」と呼び、それ以外の人々は単に定型ではない発達の道をたどっていると考える人間観です。これは、正常／異常という安易な二項対立的区分けへの違和感から紡ぎ出された言葉です。

ＤＳＭ－５での自閉症のイメージは大まかに言って、社会的コミュニケーションの側面と限定・反復の側面の二つから構成されているので、それに従って説明していきます。

第一の特徴――社会的コミュニケーションの問題

密着と距離

自閉症の一般的イメージでは、人に近づかず孤独に過ごす印象があるかもしれません。それはそれで間違ってはいませんが、それ以外にも、周りの人が気まずく感じるほど近づいてしまうという場合もあります。ある本で紹介されている例として、駅のベンチのエピソードがあります（水野 2002:147）。あまり混雑していない駅のベンチに座る際に、自閉症のある子どもが、既に座っている人のすぐ横にぴったりと座ってしまい、その人が気まずく感じて立ち去ってしまったという話です。その子はおそらく、学校や家庭で「席には詰めて座りましょう」と教わってきたので、そのルールに文字通り従ったのだと推測されます。では一体、何が問題だったのでしょうか。立ち去った人は何を気まずく思ったのでしょうか。

人を遠ざけるという振る舞いは、人を強く意識した結果です。考え方によっては、人を遠ざけるのも喧嘩するのも社会的コミュニケーション能力の発揮と言えます。ですから、人を遠ざけることによって社会生活がうまく行く場合すらありえます。孤独や隠遁が適切に行われさえすれば、それはそれで社会性の発揮だと見なせます。したがって逆に、人に近づきすぎることが社会的コミュニケーション能力の〈欠如〉と見なされる場合もありえます。

自閉症者については、興味や感情を他者と共有することの困難が指摘されます。興味を他者と共有したい時によく用いられるのが指差しです。例えば、子どもが道端で猫を見つけて、「ねこ」と言いながら指差せば、周りの人は指が差す先を見てくれます。ですがこれは当たり前でしょうか。よく考えてみれば、指差す先にある場所の方を見るという行為はかなり複雑です。自閉症者の場合、差す指自体を見てしまう場合があります（吉田 2003:47）。一見奇妙に思えますが、むしろ指の先から伸びる目に見えない矢印を想像して、その矢印の線をたどっていくという通常の振る舞いの方が特別ではないでしょうか。目に見えるものを素直に受け取れば、指自体を見る方が自然でしょう。

指そのものではなく、指差された対象を見ることによって、自分たちから離れた対象への興味を共有できれば、コミュニケーションは成功と判断されるでしょう。他方、指そのものを見てしまうような、空間的に密着しすぎる近づき方は、コミュニケーションの失敗と見なされます。つまりコミュニケーションにはほどよい距離感覚が必要なのです。他者と何かを共有するとは、他者とぴったり合体したり、なりきったりすることではありません。

ちなみに、感情の共有と言っても、本当は共有などしていないのは誰でも気づいています。まともに考えれば、互いに別の人間なのですから、他人と感情を共有することなど原理的に不可能です。ただ、共有しているということにしておこうとお互いに納得しているというのが実情でしょう。あえて言えば、〈共有しているという考え〉を共有しているのです。そして、もちろんそのような考え（共有しているという考え）も本当は共有できないのですから、〈〈共有しているという考え〉を共有しているという考え〉を共有しているのです。この括弧入れは無限に続くため、どこまでも後退していかざるをえないのですが。

こう考えてくると、他者と興味や感情を共有することによって情緒的関係が成立し社会的コミュニケーションがうまくできているというのは、とても不思議な状態です。なぜなら、合わせ鏡のような無限後退が発生しているにもかかわらず、そんな事態は発生していないかのように振る舞って安心しているのですから。

目による握手

自閉症の話題としては、アイコンタクトの困難もよく取り上げられます。全員ではありませんが自閉症者にとって、相手の目を見るのが苦手という場合があります。一般的には、相手の目を見るのが苦手だと言うと、人見知りをイメージします。ですが先述のように、人見知りもそれはそれで一種のコミュニケーション成立状態です。それに比して自閉症者のアイコンタクト困難は、恥ずかしさが原因ではないようです。定型発達者の場合、目を合わさないというのは、アイコンタクト成立を前提した上であえてそれを避ける行為です。ですが自閉症者の場合、その成立自体があやふやなように思います。

社会や文化によっては、アイコンタクトを積極的に避ける方が適切な場面があります。目上の人と対面する時や、羞恥の感情を相手へそれとなく伝えようとする場合がそうでしょう。それは、アイコンタクトしないという消極的行為を、何かを伝えるためにわざわざ戦略的に選ぶことであり、立派なコミュニケーション行為です。自閉症者におけるアイコンタクト困難とは、それとは水準が異なるようです。だからこそ、相手の顔をまじまじと見つめすぎるという逆の困難もありえます。つまり、アイコンタクトという具体的な視覚行動の有無が問題なのではなく、その行動の背後にある姿勢と様式がポイントです。定型発達者は、たとえ目をつぶっていても、目をつぶることによって他者とコミュニケーションを交わし続けているのです。

相手の目を見る時、私たちは本当のところ何を見ているのでしょうか。なぜ、相手の目を見ないで話すと具合が悪いのでしょうか。例えば、恥ずかしさの感情を抱くためには、相手の目の中に自分の姿が映っているのを感じ取る必要があります。もし自らの姿を感じ取れなければ、見ているのは単に相手の眼球にすぎず、恥ずかしさは生じないと思います。

アイコンタクトは本来、身振り（ジェスチャー）の一種です。手足ではなく目という器官が関わっているので、普段、それが身振りだとは思いませんが、身体の作動という点で、手を振る身振りとアイコンタクトの間に違いはありません。相手が手を振ると思わず振り返してしまうのは、視線を交わす行為の別バージョンと言えます。

握手もアイコンタクトと似ています。握手とアイコンタクトで共通なのは、向かい合った人間二人が同時に同じことをして初めて成り立つという点です。二人が同じことをしなければ握手はできません。片方だけがやっても、相手の手を握っているだけになってしまい、握手の本質である相互性は生じているとは言えません。

自閉症のある子どもに特徴的な行動の一つとして「クレーン現象」があります。何か物が欲しい時に、自分の手で直接とらずに誰か大人の手首を持ち、おもちゃのクレーンを操作するかのように大人の手で自分が欲しい物をとってもらうのです。手と手がつながっているという点では握手と似ていなくもありませんが、そこには、鏡に映った自分を見るような相互反照性は生まれていません。

アイコンタクトも、二人が同様に振る舞うことで成立します。相手の目を覗き込んでいる時そこに見えるのは、相手が見つめる自分の姿でしょう。そして、その自分の姿の目の奥には、相手の姿が映っています。そして、その相手の目の奥には……。ここでも、無限後退が作動しています。アイコンタクトに限らず、握手にも同種の無限後退が潜んでいるようです。普通、何か対象を握る際には、自分の手はクレーンのように一方的に対象へ働きかけているだけです。ですが握手の場合、自分の握っている手は、相手からすれば握られる対象でもあります。握手の強さの加減が難しいのはそのためであり、それは相手にとってもお互い様なのです。私の握る強さに相手が合わせているのでしょうか、それとも、相手の握る強さに私が合わせているのでしょうか。

こう見れば、アイコンタクトの困難とは、眼球を含めた身体の動かし方の〈異常〉というよりも、合わせ鏡のような無限後退の作動不全状態に思えます。無限後退自体が異常なのではありません。そもそも無限後退を解決することはできません。そうではなく、無限後退が適切に作動していないことが〈異常〉なのです。この異常はどのようにして正常化されうるのでしょうか、そしてまた、正常化のやり方は一種類だけなのでしょうか。

ごっこ遊び・なりきり遊び

ＤＳＭ－５の診断基準では、「想像上の遊び」を他者と一緒にすることの困難も列挙されています。想像上の遊びの代表は、ごっこ遊びです。例えば、電車ごっこにおいて子どもは想像の上で運転手や乗客になります。その際に大事なのは、一人だけで想像するのではなく、他者と一緒に想像することです。

AとBという二人の子どもがいるとしましょう。ごっこ遊びをするためにAは、〈Bが、B自身を電車の運転手として想像していること〉を想像できなければいけません。そして、Bの想像に合わせて今度はAが自らを乗客であると想像し、さらに、Aが抱くその想像自体が、運転手を演じているBによって想像される必要があります。

ところが、自閉症のある子はごっこ遊びを苦手とすることが多いと言われます。確かに興味や感情を共有しにくければ、複数の子どもが共演するごっこ遊びの成立は難しいでしょう。また、アイコンタクトが難しければ、ごっこ遊びをスムーズに進めるのは容易ではありません。なぜなら、Bにとって電車ごっこを円滑に進めるためには、乗客を演じているAの目の中に、運転手を演じている自分の姿を見出す必要がありますから。

ところが、ごっこ遊びが苦手な自閉症のある子でも、キャラクターになりきってしまう〈なりきり遊び〉が好きな場合があります。なりきり遊びという言い方は一般的ではありませんが、この遊びでは、演じる者と演じられるキャラクターとの関係が、ごっこ遊びとは質的に違うようです。あえて言えば、なりきり遊びでは、演じる者とキャラクターとの関係は一方向的かつ固定的であり、表面的です。「表面的」というのは、価値を貶めてそう呼んでいるわけではなく、文字通り、見た目に依拠するということです。キャラクターと同じ衣裳を着て同じアイテムを持つこと、つまり同じ見かけをすることは、なりきり遊びにとって重要な要素です。

逆に言えば、見かけではない要素はあまり重要ではありません。例えば、キャラクターが活躍するのは通常は物語という場の中ですが、なりきり遊びに限って言えば、物語それ自体は必ずしも重要ではありません。物語という全体から離れて、見かけだけで十分に魅力的な部分。それがキャラクターです。そもそもキャラクターが場面を問わず同じ服装をしているのも印象的です。

その意味ではキャラクターはチェスのコマに似ています。コマは確かにチェス盤上で展開する物語の一部をなしていますが、物語から離れても十分にユニークであり、他から識別可能です。どこに置かれても、物語展開がどうであっても、クィーンはクィーンです。チェスをプレイしない人でもクィーンのコマを蒐集することはありえます。それは、カードゲームをプレイしないけれども、トレーディングカードをコレクションする趣味と似ています。

独特の決め台詞もキャラクターにとって重要なアイテムの一つですが、これも一種の見かけと言えます。決め台詞は物語展開とは独立して登場しがちですし、台詞を向ける相手がどう反応するかに左右されません。相手が誰であろうと、場面がどうであろうと、同じ決め台詞が使用されます。つまりそこでは、相手の出方によって生じる、合わせ鏡じみた無限後退は起こりません。

このようにキャラクターにとって、変化しない見かけは必要不可欠です。それに比べると、内面の微細な揺らぎはそれほど重要ではありません。少なくとも、なりきり遊びをするためには。

ところが、ごっこ遊びでは、他者の内面の揺らぎを絶えず同時中継するように把握し続けなければなりません。ごっこ遊びでは、相手がどう行動したかによって、その次にこちらがどう行動するかが決まります。そして、こちらの行動が再度、相手の行動に影響します。このような相互反照性ゆえに、全体状況を現在進行形でモニターし続けることが必要なのです。もっとも実際は、相手の内面を把握しているのではなく、〈相手の内面を把握しているという考え〉を互いに共有しているだけなのですが。

仲間であることへの興味を持ちにくいという点も指摘されることがありますが、仲間づくりとは、高度なごっこ遊びです。だとすれば、ごっこ遊びが苦手な人にとって、仲間づくりは難題とならざるをえないでしょう。そして一般的に言って、仲間意識をつくりあげにくい人にとってこの社会は生きづらいであろうと予想されます。

第二の特徴――限定と反復

自閉症者の行動では、定型発達者と質的に異なると思えてしまうほどに、限定と反復が著しいとされます。例えば、同じ行為や言葉を、定型発達者から見れば不自然なほど、繰り返すことです。ここで定型発達者のやり方が基準として用いられているのは言うまでもありません。行為の反復は例えば、物が並べられた状況をつくりだします。自閉症のある子どもの行動でよく取り上げられるのは、おもちゃを一列に並べる振る舞いです。日本では、ミニカー並べが典型的です。並べられたおもちゃは結果的に数直線を形づくります。どんな物でも一列に隙間なく並べれば、数直線ができあがるというのは、考えてみれば不思議です。ここで、チューリング・マシンが人間の多様な思考を一本の長いメモリ・テープで表現しようとしたことを思い出します。

言葉を繰り返す

他には、「反響言語」すなわちエコラリアという振る舞いが見受けられます。これは他者が発した言葉をオウム返しする行為ですが、その言葉を聞いた直後に反復する場合もあれば、後になってから繰り返す場合もあります。どちらにせよ、話の文脈や場面にかかわらず、言葉の部分だけを反復するというのがポイントです。したがって、「おはよう」という挨拶に対して「おはよう」と返すのはエコラリアではありません。この場合は、朝の挨拶という社会的文脈が背後にあるわけですから。

エコラリアでは、その言葉が相手に何を伝えるかではなく、反復自体を楽しんでいると思われます。ですが、そもそも反復はなぜ問題視されがちなのでしょうか。おそらく理由の一つは、文脈や状況の変化に左右されず同じことを続けるという振る舞いが、変化をよしとする現代社会にそぐわないと見られてしまうからだろうと思います。ちなみに、状況の変化に応じて行動を変えないタイプの人物は、昔の笑い話によく登場しました。空気を読まない反復は、時に笑いを、時に怒りを周りに引き起こします。

同一性と近代社会

同一性へのこだわりも特徴的です。反復とは同一性に対する欲求とも見なせます。例えば、定型発達者から見れば些細な変化にすぎないことが自閉症者にとっては耐え難い場合があります。したがって、同一性を維持するために、外出時には同じ道順を歩きたい、同じ食物を食べたいというわけです。ところが、伝統社会と違って近代社会では、変化が絶えず生じがちです。反復を伴う伝統的な儀式行為は、近代社会では衰退する傾向にあります。そう考えれば、自閉症者は近代社会の中ではとりわけ目立ちやすいのかもしれません。

もちろん、自閉症の〈発見〉はたかだか半世紀前でしたので、伝統社会で自閉症者がどのように暮らしてきたのかについてはよく分かりません。したがって、伝統社会と近代社会における自閉症者の生きづらさがどう違うのかを比較するのは容易ではありません。ですが、伝統的側面の強い社会は現代にもあるわけですから、現代の様々な社会の自閉症者の生き方を比較すれば、その困難や苦しみが不可避なのか、それとも、社会のあり方次第で困難でなくなるのかについて考察できるようになるように思います。

小さな変化に弱いということは裏返して言えば、退屈に強いということかもしれません。同じ食物を毎日食べるということ、同じ道を毎日通るというのは、伝統社会では普通でしたが、近代社会ではそうではなくなりました。近代社会は、退屈という感覚と、退屈を避けたいという欲望を新たに生み出したのです。

同じ道を通るという何気ない行動も、自閉症者の日常では少なからぬ重要性を持つ場合があります。

自閉症のある子を連れた親が毎日、同じ道を通ってスーパーへ買い物に行くとしましょう。ところが、ある日、いつもの道の途中が道路工事でふさがっていました。やむなく別の道を行こうとすると、その子はパニック状態に陥ってしまったという類の話が知られています。

もちろん、途中の道順は違っても、いつものスーパーへ到着するのに変わりはありません。それにもかかわらず大きな不安に圧倒されるのです。目的地到着の見通しが立ちにくい不安もあるでしょうが、それだけでなく、道順の変更自体がポイントのようです。つまりその子にとっては、道順の選択と目的地の選択の組み合わせは、必ずしも自由に入れ替え可能ではなく、かなり固定されているのではないかと思われます。目的地が同じならば途中経路はどうでもよいと割り切るのが難しいわけです。

比喩的に言えばこれは、道順と目的地の関係がぴったり固定されていて、気分次第で別の選択肢に取り替えてみるわけにいかない状態です。それは、同じ駅にたどり着く複数の鉄道路線を気軽に代えられないことに似ています。何かと何かの間に隙間がなくて、好い加減さや緩さが入り込む余地がないのです。

ジグソー・パズルは、むしろこの点を遊びに転換しています。数あるパズルの中でもこのパズルは、一つのピースを他のピースで代替できないという点に特徴があります。個々のピースの形が互いにどれほど似ていても、それでもやはり一つとして同じピースはないという一義性がジグソー・パズルの面白さを生んでいます。

ところで近代社会は、一義性の衰退によって成立したと言えます。近代以前、農民は土地に縛りつけられていました。それに対して近代の労働者は、自由に働く場所や住む場所を選べますし、貨幣さえ支払えば時間や土地すら買えるようになりました。そのような自由さのおかげで、毎日同じ道を通り、同じものを食べる必要は減少しました。人々は、前近代を支配していた一義性から解放されたのです。もちろんこの自由は失業する自由、飢える自由でもあります。貨幣で何でも買える代わり、貨幣がなければ何も入手できないのですから。近代社会においては、多義性を身につけて自由な選択を生きるように推奨されます。言い換えれば、それができない人にとって近代は生きづらい時代でしょう。

関心と不安

限定と反復に関しては、日常生活に支障を引き起こすほど限定された興味を持つという場合もあります。ただ、興味とはそもそも限定的なものなので、定型発達者と自閉症者の違いは結局のところ程度の差ではないかと思えてくるのですが、他方で、質的な差を感じさせる面もあります。そもそも異常とは何なのでしょうか。そのような思いに駆られていきます。

たとえ話で言えば、魚と鯨は形が似ていますが、鯨は魚ではありません。環境との関わりでできあがった外形が似ているからと言って、その内部メカニズムが似ているとは限りません。定型発達と自閉症の関係が魚と鯨の関係なのか、それとも二種類の魚の関係なのか、慎重に考える必要があります。

先述の同一性や一義性へのこだわりは、不安や恐怖に駆られて生じるものでなく、むしろ対象への強い関心が動因ではないでしょうか。もしそうならば、執着しているなら何か不安があるはずだ、そしてその不安を取り除かなくてはならない、と短絡的に結びつけるわけにはいきません。対象への没頭が不安を和らげる効果を持つ場合もありうるでしょう。このようなわけで、強迫性障害における不安イメージをそのまま転用して自閉症者の不安を解釈するのは適切ではないと思われます。

感覚の共有

感覚過敏の問題は最近になってようやく注目されるようになりました。そのきっかけの一つは、自閉症者自身による著作や発言・発信でした。定型発達者にとってはうるさいだけの音、まぶしいだけの光が、自閉症者にとっては耐え難い苦痛を生み出す場合があるのです。その個人差はとても大きいようで、当事者自身によって説明されるまで専門家ですら十分に把握できませんでした。

私見では、感覚過敏もやはり限定や反復に関わっているように思います。感覚刺激がほんの少し違っただけで苦痛が生じるのならば、変化のない状態を維持し反復しようとするのは自然だからです。たとえ話で言えば、足が痛むならば、なるべく動かさないでおこうとするのが人情でしょう。

確かに、他者の目に見える行動に共感するよりも、他者の内部感覚に共感する方が困難です。これまで説明してきた〈困難〉の多くが周りの他者に対して明らかな影響を引き起こしがちなのに比べると、感覚過敏の困難は、当事者にとっては深刻ですが、他者との相互作用場面では目立たないため、社会からは気づかれにくかったわけです。外界からの感覚刺激が脅威であるならば、外界に対して閉じようとするのは、やむをえない苦肉の策でしょう。こう考えると自閉とは一面では、外界に対して感覚的に開かれすぎている状態と見なせるのかもしれません。

感情共有が得意なはずの定型発達者が、自閉症者の感覚過敏に伴う困難さを共有するのに時間がかかったというのは皮肉です。コミュニケーションの〈障害〉は一体どこで生じているのでしょうか。当事者の内部でしょうか、それとも、周りの人々との相互作用においてでしょうか。もしかすると障害を被っているのはむしろ、定型発達者側の想像力なのでしょうか。

自閉症の発見

「自閉（autism）」という言葉は、自閉症の発見以前から存在していて、統合失調症の中心的症状の一つを指していました。このような経緯からも推測されるように、自閉症は発見されてしばらくの間、統合失調症の一種ではないかと考えられていました。また、不適切な養育に原因があるのではないかという説もありました。その後ようやく研究が進み、紆余曲折の末、それらの説は間違っているとされ、一九七〇年代頃、自閉症は脳の何らかの機能障害に根本原因があるらしいと見られるようになりました。

脳の機能障害と言っても、様々な説が登場しては検討に付されてきました。認知や言語能力が本質的なのか、それとも感情や社会性の問題が根本なのか。脳の特定箇所の一つの機能に自閉症全体の原因があるのか、それとも、複数箇所が関わるのか、脳の箇所間の連携が原因なのか。そして、根本原因が何であろうとも、生まれてから始まる他者との社会的関わりの蓄積が、症状のあり方に影響を与えないはずはありません。今なお、脳の機能障害の解明は道半ばです。

諸説あるうち本書で取り上げるのは、かなり以前から提唱されている「スペクトラム」説・「弱い求心性統合」説・「心の理論」説です（各説に対してそれぞれ異論がある点はあらかじめご了承ください）。この三つを取り上げるのは、これら三つが最終的に正しいと考えるからではありません。これらはそれぞれに、説明力に制約があると批判されてきました。ですが今なお、自閉症の概略を考察する上での基本的な叩き台として認められていると思います。その後で、様々な療育法のうち古典的な二つの立場、応用行動分析とＴＥＡＣＣＨに触れます。自閉症療育の基本的な方向性は、当事者の方が変わる、あるいは環境の方を変えるという二つであり、両者はそれぞれを代表していると思うからです。

スペクトラム

ＤＳＭ－５の立場がそうであるように、自閉症はスペクトラム（連続体）を形成していると現在では考えられています。スペクトラム（スペクトル）とは、例えば、光を含む電磁波を波長の大小に従って順番に並べたものです。その特徴は、大小の変化が連続的だという点です。ちょうど、数直線がばらばらの有限個の点の集まりではないのと同様に、スペクトラムには明確な切れ目はありません。例えば、可視光の場合、赤から紫へ至るスペクトラムに明確な切れ目は入れられません。〈ここまでは赤色、ここから先は黄色〉という風な区分けはできないのです。したがって、「順番に並べた」という言い方は実は適切ではなく、本来は並べようがありません。線が、多数の点を並べてできあがるのではないのと同様です。

自閉症はスペクトラムだと現在では考えられていますが、自閉症という状態それ自体がスペクトラムであるだけでなく、定型発達と自閉症の間もスペクトラムではないかと考える向きもあります。身体障害の例で考えてみましょう。例えば、右足が麻痺して動かない場合、それを「障害」と考える人は多いでしょう。ですが、右足の指だけが麻痺した場合はどうでしょうか。さらに、右足の小指だけが麻痺した場合はどうでしょうか。さらに、右足の小指の先だけが麻痺した場合はどうでしょうか。まるでアキレスと亀の競走のように、話はどこまでも無限後退していきます。

こう言うと、〈世の中はすべてスペクトラムだ〉と結論づけられてしまうかもしれませんが、必ずしもそうではありません。例えば、風邪の罹患はスペクトラムではありません。物体としての風邪ウィルスが体内に存在しているか否かのどちらかであり、感染と非感染の間はスペクトラムではないはずです。概して言えば医学的診断はスペクトラム的ではなく、カテゴリー（範疇）分けでできあがっています。

確かに、世の中のかなり多くの物事はスペクトラム的ですが、社会では通常、それらをスペクトラムではなく不連続な区分け（例えばカテゴリー）を用いて把握しがちです。誕生日から急に大人になるというのがその例です。誕生日になった瞬間の前後で、成人か否かはカテゴリー的に区別されます。その奇妙さについて私たちは普段、あまり深刻に悩みません。そもそも数直線が連続体（スペクトラム）なのか、それとも不連続な点の集まりなのかという難問について普段は意識しないのと同様に。

ＤＳＭ－５の診断項目においては、「持続的」「まとまりのわるい」「単調な」「柔軟性に欠ける」「過度に」のような表現が用いられますが、それらはスペクトラム視点を反映しています。どこまでが適度で、どこからが過度かをカテゴリー的に決めるのは容易ではありません。ＤＳＭが診断と統計のためのマニュアルであって本来カテゴリー指向であることを考えれば、ＤＳＭ－５におけるスペクトラム視点の採用は、時代の変化を思わせます。

ですが、だからと言って〈自閉症も定型発達も程度の差であって、結局は同じだ〉と言い切るのも拙速だと思います。〈赤は紫だ〉と言えないのと同様に。違いを踏まえた上で、自閉症と定型発達の間のスペクトラムをカテゴリー的二項対立として安易に割り切ってしまわない慎重さがまずは必要なのでしょう。

弱い求心性統合

ウタ・フリスによれば、定型発達者は強い「求心性統合（central coherence）」能力、「部分よりも全体を知覚しようとする、あらかじめ備わっている選好」を持っています（フリス 2012:123,124）。定型発達者は絵を見る時、描かれた個々の線ではなく絵という全体を見ており、話を聞いている時には単語ではなく文章を聞いています。それに対して自閉症者の場合、求心性統合が弱いのではないかと考えられています。なお、central coherence の訳としては「全体性統合」や「中枢性統合」などもあります。

求心性統合を説明する際にフリスは、フランチェスカ・ハッペの研究チームがつくりだした課題を紹介しています。その課題とは、「狩りに出かけるときは、ナイフと（X）を携えて行きます。」という文の空欄（X）に適切な言葉を書き入れなさい、というものです。被験者が「猟銃」と答えれば、それは求心性統合が強い証拠であり、「フォーク」と答えたら求心性統合が弱い証拠とされます（フリス 2012:126）。なぜなら、「フォーク」と答えた場合、〈ナイフと言えばフォーク〉という「局所的要素間の関連づけ」が優先され、「狩りに出かける」という全体的な文脈が考慮されていないからです。目に見えにくい文脈（狩りに行く）よりも、目に見えて隣接する二単語のつながりの方（ナイフと何か）が優先されているわけです。フォークという答えが笑いを引き起こすのは、このような部分と全体の食い違いのゆえです。

このような求心性統合の弱さは実は感覚過敏にも関わっているとサイモン・バロン＝コーエンは考えます（バロン＝コーエン 2011:83）。DSM－5でも指摘されているように、自閉症者は微細な違いにも強く反応する場合があります。定型発達者ならば気づかない程度の感覚情報、例えば、時計の微かな音・エアコンの静かな音・壁に貼られたポスターの色彩などに影響されてしまいがちです。求心性統合の弱さのせいで微細な部分に注目してしまうことと、感覚過敏との間の関係は、どちらが原因でどちらが結果かの判断が難しいですが、何らかの関わりがあるように思えます。

喫茶店での自分たちの会話の録音を後で再生して聞いてみると、会話中に自分では気づかなかった雑音がはっきり録音されていて驚くことがあります。定型発達者はおそらく相手の言葉だけに注意を向けて、雑音という余計な部分を背景へ遠ざける操作が容易にできるのでしょう。通常の録音機器はそのような操作を行わず、話の本筋と雑音とを選別せずすべて均等に録音してしまいます。それはある意味で感覚過敏の状態なのです。

ところでフリスによれば、「弱い求心性統合」という表現に含まれる「弱い（weak）」という形容詞は必ずしも「貧弱な」という価値判断ではありません（フリス 2012:125）。求心性統合は強いほどよいとは限りません。逆に、弱さが能力と見なされる場合もありえます。例えば絶対音感です。絶対音感とは、曲全体の文脈に左右されずに「音の高低をコンテクストにかかわらず、正確にあるがままに聴く能力」であり、自閉症者の約三割にこの能力があるとフリスは言います（フリス 2012:124）。これは、音大生の中で絶対音感を持つ人の割合並みの高率ではないでしょうか。

求心性統合の弱さは障害でしょうか、それとも才能でしょうか。この考え方は間接的ながら、スペクトラム視点とも関わっています。赤と紫は連続しており、赤の方が低周波数ですが、だからといって紫より貧弱というわけではないのですから。

ちなみに中根晃は central coherence の coherence に、「統合」ではなくあえて「コヒレンス」という表現を与えています。統合という訳語は誤解を招くと考えるからでしょう。私見では coherence には、統合というよりも、束ねるというニュアンスがあると思います（竹中 2012:213 も参照）。コヒレンスが弱いと、「揃った部分を集めて、全体を描き出せない」「細部との関係で全体を読めない」「現在の意味や文脈、事態の推移を推理できない」「行間の意味がわからない、場の雰囲気が読めない」など、状況をうまく束ねられないという困難が生じるのですから（中根 2011:166）。

部分を揃え束ねることによって、諸部分のコレクションは際限なく増えていきます。ですが求心性統合が弱いと、部分がたくさん集まってもそれはやはり部分の集まりのままに留まり、全体を形成するには至りません。「場の空気が読めない」と言う際の「空気」とは一種の全体ですので、部分をいくら蒐集しても、必ずしも場の空気が読めるようにはなりません。同様に、文章の行をいくら読んだとしても、それだけでは行間の意味は読みとれません。行と行の間には、文字通り何もないのですから。良くも悪くもそこに目に見えない何かが浮かび上がってくるためには、求心性統合の強さが必要です。

心の理論

バロン＝コーエンの「マインドブラインドネス仮説」を紹介しましょう。「心の理論（Theory of Mind; ToM）」とは、「他者の行動の意味を理解し、行動を予測するための、他者の視点に立つ能力であり、他者の考えや気持ちを理解する能力」です。自閉症者は「心の理論」をうまく使いこなせないので、他者の意図を的確に予測できず、当惑したり不安に陥ったりするという仮説です（バロン＝コーエン 2011:84）。

他人宅を訪問した人が同席者に目を向けた後にドアへ視線を転じれば、そろそろ帰ろうという暗黙のメッセージだと定型発達者ならば考えるでしょう。しかし自閉症者は、なぜドアを気にするのだろうと当惑するかもしれません。また、誰かが人生相談の最中に「明日は明日の風が吹く」と言えば、風が吹いている光景を思い浮かべてしまうかもしれません（バロン＝コーエン 2011:85）。

自閉症者にとっては、「明日は明日の風が吹く」という表現の諸部分をいくら分析しても、そこから人生の有為転変についての教訓という全体は出てきません。ただ、風が吹いている視覚的情景が美しく広がっているのです。こういう人にとっては、近代小説のようなタイプの文章は馴染みにくいだろうと想像されます。

ドラマや物語は他人事にすぎないのに、なぜ面白いのでしょうか。その理由は、自分が登場人物その人になったような感じを抱くだけではなく、同時に、登場人物を上空から見下ろす鳥瞰図的視点も一緒に持てるからでしょう。前者だけならば、多くの物語は、実際には経験したくない恐ろしい状況であり、他方、後者だけならば、他人事にすぎないので、特にわくわくはしません。

ところが自閉症者の場合、「場面やストーリーの物理的な細部や変化をとらえることは得意だけれども、暗示された登場人物の意図、感情や知識の状態を読み取れない」場合があります（バロン＝コーエン 2011:88）。これでは、近代小説のような物語を読んでも退屈してしまいます。近代小説では、登場人物の内面や感情への共感が重要な要素だからです。現代日本の自閉症的な児童、生徒が「国語」を苦手とする場合が多いと言われる一因はここにあるのかもしれません。

ですが、だからと言って、自閉症者が他者の内心をまったく把握できないわけではありません。フリスによれば、自閉症者も他者の内面を理解できる場合がありますが、そのためには多くの努力と時間が必要なのです（フリス 2012:94）定型発達者が自然に体得している「心の理論」は、まるで自動販売機のようです。内部の仕掛けを知らなくても硬貨を入れれば商品は出てくるので、実生活上はそれで十分です。ですが自閉症者はその自動販売機を自分専用に自作する必要があります。そのような人にとって世界とは、からくり仕掛けでできた謎の巨大機械のように見えるのかもしれません。まるで未知の機械惑星へ不時着した宇宙飛行士のように、その仕組みを解明しなければ日々の生活をすることさえ困難なのですから。そして、だからこそ、それまでにない画期的な自動販売機を思いつく可能性もあるのかもしれません。

応用行動分析とＴＥＡＣＣＨ

自閉症療育法には様々ありますが、ここでは二つだけを簡単に取り上げます。この二つを理解すれば基本的な点は把握できると思われるからです。

「応用行動分析」は、「報酬（rewards）」のメカニズムを巧みに活用して、問題解決スキルを獲得していく実際的な手法です（バロン＝コーエン 2011:156）。個人の内面や心ではなく、まず行動に焦点を当てるのがその特徴です。ですが私たちは、〈行動Aの原因はBだ〉と誤って短絡的に思い込みがちなので、分析に際しては慎重さと専門知識が必要です。見かけ上の擬似的因果関係に惑わされずに繊細な分析を行った結果、行動における真の原因と結果の連鎖が浮かび上がってきます。その分析結果を用いて、心がけや根性論ではなく、望ましい行動を生み出せる状況をつくりあげていき、具体的な問題解決を目指すのです。

もし世界と自分との関係が機械仕掛けのようにできているのなら、互いに嚙み合った歯車を動かすようにしてその仕掛けを動かしてみるのは問題解決のために有効でしょう。これは、目に見えない心に振り回されずに、目に見える行動に焦点を当てるという意味で、一種の可視化なのかもしれません。

もう一つの療育法「ＴＥＡＣＣＨ」は、Treatment and Education of Autistic and related Communication-Handicapped Children の略称です。応用行動分析と比べてＴＥＡＣＣＨは、当人の行動の変化よりも、環境との関係を変容させることを目指します。この療育法は様々な手法を組み合わせて活用しますが、その中でもとりわけ「構造化」という考え方が特徴的です（バロン＝コーエン 2011:157）。世界とはそもそも曖昧で多義的であり、空間や時間にはそもそも明確な境界線は存在しません。自閉症者にとって、そのような世界のあり方が不安や恐れの一因となるようです。そこで、明快で首尾一貫した情報提示によって、世界の機械仕掛けを理解しやすくして、世界に対する安心感を抱きやすいようにしようというわけです。

例えば学校の教室は、様々な視覚刺激や聴覚刺激が渦巻く不安的な空間です。そこにパーティション（間仕切り・衝立）を適切に設置すれば、目や耳から入ってくる刺激を限定できるようになり、情報の洪水に振り回されないようにできるはずです。時間に関しても同様です。今、何をすべきかが一目瞭然に把握できるよう、一つの時間帯には一つのイベントが割り当てられた予定表を作成すれば、それは時間の航海図と言えるでしょう。航海図を利用して、自分が今どこにいるのか、次に何をすべきなのかを自分で確認できるようにするわけです（フリス 2012:35）。

このように、自閉症者が秩序を見出しにくい世界の中に自前で構造を構築しようとするのが「構造化」です。通常、構造というものは多数派を前提につくられがちです。例えば学校の時間割は、個人単位ではなく学級単位でつくられます。個々の生徒は、全体のための時間割に従って、全体の中に自分を位置づけた上で行動することを要求されます。しかし、そのように振る舞うためには、否応なく多義性を受け入れざるをえないでしょう。他者は私とは違うので、私の一義性を教室内で貫徹できないからです。ですから、自らの一義性を維持することが必要な生徒にとって、教室という場の多義性は厄介な難関です。まずは、散らかった多義性を整理整頓する必要があるでしょう。

「構造化」の下でつくられる予定表は、そんな整理整頓のためのツールです。予定表は集団単位ではなく個人ごとにつくられます。たとえ話で言いますと、鉄道のターミナル駅では多数の線路が並んでいますが、一見複雑に見えても、一つの線路には一つの列車しか走っていません。列車は常に自分だけの線路の上を走ります。その際に、横を並走する他の列車を気にする必要はありません。自分の線路の前と後ろを注意するだけで十分なのです。同じように「構造化」では、全体の共通性よりも個別性の方を重視します。構造は上から一方的に与えられるのではなく、オーダーメイド的につくりあげられるべきなのです。

ここで、〈結局それは、自分の殻に閉じこもっているだけではないか。もっと世界に向かって開かれるべきだ〉という反論が出るかもしれません。もっともな意見ではありますが、自閉症者の置かれている状況とは、自ら内側に閉じこもるよりは、外界からの多様で突発的な刺激や情報を前に立ち往生しているイメージの方が適切だと思います。そのような困難の中では、自らの居場所を確保して安心の土台を築くことが、主体性発揮のための第一段階ではないでしょうか。

スペクトラムのパラドクス

自閉症をスペクトラムとして見ることは、物事をカテゴリー的・二項対立的に考えたい定型発達者たちの欲望に対する異議申し立てでもあります。スペクトラムというのは不思議な考え方です。もし定型発達者と自閉症者の違いがスペクトラムだとすると、両者の違いは程度の差となるのでしょうか。ですが他方、自閉症者が定型発達者と異質である点を尊重すべきという意見もあります。もし違いが異質性ではなく程度の差ならば、違いの尊重ということの意味合いも変わってくるはずです。

たとえ話をしましょう。一メートルの長さの数直線があるとします。左端が自閉症であり、右端が定型発達です。この数直線はスペクトラム（連続体）です。左端から出発して、まず一メートルの半分、五〇センチのところまで進みます。次に、残り五〇センチの半分、二五センチだけ進みます。これで七五センチのところまで到達しました。さらに、残り二五センチの半分、一二・五センチだけ進みます。これで八七・五センチのところまで到達しました。この操作を繰り返していくと、いつかは右端の定型発達までたどり着けるのでしょうか。どうも怪しそうです。そもそも、連続体に切れ目を入れること自体、パラドクスを含み込んでいるようです。これはたとえ話ですが、私たちの社会は今後、自閉症と定型発達の関係について、この種のパラドクスに取り組まざるをえないでしょう。

自閉文化の可能性

現状において自閉症は「である」状態と言えます。そうである以上、自閉症から逃れるのではなく、自閉症をよりよく生きることが当面の課題です。自閉症が医学的に発見される以前には、それとは知らずに自閉症を生き抜いた人々が大勢いたはずで、そのような人々の営みは時に文化と呼ぶべきものを生み出したでしょう。その大部分は忘れ去られているものの、一部は時と場所を越えて受け継がれていると思います。

自閉症的な人が文化を生み出した際、定型発達者の場合と比べてどんな特徴があるでしょうか。また、文化を生み出した当人が自閉症的でなかったとしても、時代や社会の条件によって自閉症的な文化が生み出されたかもしれません。もちろん文化は人によって生み出されるのであり、自閉症の産物ではありません。とはいうものの、自閉症であることが、何かの欠如という意味での障害というだけでなく一つの生き方でもあるとするならば、様々な文化の中に自閉症的な特徴を見出すのは不可能ではないと思います。それはあえて言えば、医学的診断対象としての自閉症の範囲よりも広く曖昧な「自閉文化」と呼ぶべきでしょう。

そんな自閉文化は知らず知らずのうちに、定型発達中心の文化との間にスペクトラムを形づくり、お互いを豊かにしてきたのではないでしょうか。とするならば、自閉文化を知ることは同時に、定型発達中心の文化や社会を考え直すためのヒントにもなるはずです。

第4章 「自閉文化」の特徴

時間の空間化

前章では自閉症について説明しましたが、本章では、緩やかな意味での「自閉文化」の特徴となりうる点を整理してみます。自閉症者の日常生活の困難の一つは、時間をめぐる独特の不安です。定型発達者にとっては、自由時間は基本的に望ましいものです。ところが自閉症者の場合、予定が未定であることが不安を引き起こす場合があるようです。例えば、学校生活の場合、自由な休み時間が不安を引き起こすことがあります。

自由という考え方は実は、かなり新しい発想です。自由とは既成秩序からの解放という肯定的な意味合いを持つと同時に、秩序が欠如しているという否定的な状態とも言えます。秩序があってこその自由なのです。自由時間は、自由ではない時間（労働や学習の時間）が確立して初めて生まれました。

社会の中で労働や学習が特定の時間に割り当てられて固定化したのはそれほど昔ではありませんので、自由時間の誕生もそれほど古くはありません。とするならば、自由に対する不安も、社会や歴史の営みの中で形成されてきたことになります。

予定が急にキャンセルされたり変更されたりした際に強い不安を感じる自閉症者がいます。この不安を多少なりとも理解するために、時間の流れを鉄道にたとえてみましょう。鉄道線路はすべてがつながっていてこそ機能しますので、一箇所でも途切れていれば誰も乗ろうとはしないでしょう。また、到着する駅の順番はあらかじめ決まっています。二つの駅の順番は取り替えられません。このように鉄道は概して、自動車道路と比べて様々な面で固定的です。したがって、駅への到着時刻は正確でなければならず、二本の列車が同時刻に同じ駅へ着いてはいけません。自動車ならば複数台が同時に同じ場所に横並びできますが、鉄道では無理です。

鉄道のこのような特徴を視覚的に体現するのがダイヤグラムです。この一枚物の図では、縦軸は空間(距離と駅)を、横軸は時間を表しており、一本の列車の運行は、図に書き込まれた一本の連続した斜線で表現されます。すべては一望の下に可視化され、隠されたものや断続的なものはありません。

自閉症療育においても、ダイヤグラムに似た図表が利用されます。それは一日のスケジュールを隙間なく記入した行事表です。ダイヤグラムを確認する電車運転手のように、自閉症者は自分のスケジュール表を随時確認することによって、時間に関する不安を緩和できるのです。このような時間の空間化は自閉症者の日常生活にとってメリットがありますが、定型発達者からすれば堅苦しく感じるでしょう。なぜなら、すべてを隙間なく並べるという強い制約があるからです。

ミニカー遊びの好きな子は多いですが、定型発達の子の場合、典型的な遊び方はごっこ遊びでしょう。子ども部屋の床上に想像でつくった町や道路上を、ミニカーに乗った想像上の自分がドライブするのです。対して自閉症のある子どもはミニカーを隙間なく一列に並べて楽しむ場合があります。隙間なく並べるという点では、伊藤若冲の描く「百犬図」に似ています。隙間なく並べることが安心感や楽しさと結びついているようです。しかし逆に考えれば、なぜ隙間が不安を引き起こすのでしょうか。なぜ隙間を埋めたくなるのでしょうか。古代遺跡にも見られるように、なぜ人は物を一列に並べたがるのでしょうか。

時間をあえて空間的に表現すると一本の線になります。その考えを突き詰めていくと、ならば、最小の時間であるはずの瞬間は線上の一点なのかという疑問にたどり着きます。瞬間という点を一列に隙間なく並べると、時間の流れという線になるのでしょうか。音楽を聴いている時、私たちは点の連なりを聞いているのか、それとも流れを聞いているのか、あるいは、音と音の間の沈黙を聞いているのでしょうか。世の中には、視覚的・聴覚的に隙間をつくらない文化もあれば、隙間自体を提示しようとする文化もあります。ですが、それらの根底には共通して、それでもやはり隙間を埋めたいという基本的欲求があるように思われます。アウトサイダー・アートの多くが空間を埋め尽くす方向へ向きがちなのは示唆的です。

高精細な視覚

自閉症者は、細かな点を見逃さないという意味で目が鋭いと言われます。高精細な視力は無条件によいことのように思われるかもしれません。確かに画像技術もその方向へ進んでいます。ですが、高精細のためには莫大な情報量が必要であり、それをスムーズに処理できるだけの能力が必要です。そうでなければ、速度が追いつかずフリーズしてしまいます。アキレスが亀に追いつこうとする時、両者の距離が縮まれば縮まるほど、画面は拡大されて高精細に向かって行きます。その拡大は無制限にエスカレートして、挙げ句の果て、アキレスは亀に追いつけないのです。

世界には情報があふれていますが、定型発達者には、情報を丸ごと受けとめてしまうことなく、フィルターにかけた上で選択的に受容するメカニズムが備わっています。例えば、定型発達者は雑踏の中でも、特定の人の話し声だけを選んで聞き取れます。それに対して自閉症者はそのメカニズムがうまく機能しない場合があります。結果的に、過剰な情報の奔流に圧倒されて、適切に対処できなかったり、その場から逃げ出してしまうことすらあります。

伊藤若冲に話を戻しましょう。彼が描く虎や子犬には細かな体毛が描き込まれていますし、枡目描という手法も手数が膨大にならざるをえません。このような描き方は、生活のために絵を売る必要がなく時間の余裕があったという彼個人の境遇と無縁ではないでしょう。そのような特別な条件下で生み出された文化に対して現代の私たちは感嘆します。

ですが、現代社会ではどうでしょうか。会社で働く自閉症者の場合、自分担当の箇所を丁寧にやりすぎて、仕事全体が予定通り進まなくなっては困ります。他方、自分の趣味であれば、いくら時間をかけても問題はなく、かえってその出来映えを称賛されるかもしれません。そう考えればやはり若冲は特別だったと言わざるをえません。二〇〇年の時を越えて、高度な複製と高精細を実現した現代に支持者を得たのですから。

全体より部分

自閉症には「社会性の障害」という側面がありますが、社会とか世間とか呼ばれているものは、個人に還元できず、目で見ることは困難です。「社会がそう考えている」という表現はあくまで比喩にすぎません。社会の意見とは、誰か個人の意見ではありませんし、多数の個人の意見の単純な総和や平均でもありません。個人同士の足し算やかけ算では、社会へはたどり着けないのです。

図形の円が一つあるとします。その円周の一箇所を消すと円ではなくなります。ですが多くの人は、円ではないその曲線のつながりを、一部が欠けた円として見るでしょう。欠けた箇所を想像力で補完してしまうのです。実は円は存在しないにもかかわらず、存在すると見なしてしまいます。社会はこれに似ています。誰も社会の全体を見た者はいませんが、そのような全体があるものとして想定しています。

円周上の点を三〇個ほど選んで残し、それ以外の部分を消去してみましょう。それでも多くの人にとって、三〇個の点の集まりは円の形に見えるはずです。点をどんどん増やしていけば、最終的に円になると多くの人は思っています。逆に、点の数を減らしていけばどうでしょうか。点が三個しか残っていない場合でも、円の形に見えるでしょうか。

比喩的に言えば社会性とは、二個の点、場合によっては一個の点だけからでも円を見出す力です。ちょうど天空にちりばめられた星々から星座の形を見出すように。同様に、たとえ無人島での一人暮らしでも、人は社会性を発揮できるのです。逆に、完全無欠の円でなければ円として認識できない人ならば、円周の一箇所が一ミリ欠けているだけでも、それを円とは見なせないでしょう。世間はおそらくそのような人を、円を見る能力の障害者と呼ぶでしょう。

全体を見出しにくい人は逆に言えば、部分がよく見えているのです。そのおかげで、円周のほんの少しの欠如にもすぐ気づけます。例えば、大きな絵画を離れて観賞する時のように、全体が見えている時には部分は見えにくくなります。逆に鑑賞者が絵に近づけば、全体は見にくいですが、細部を細かく観察できます。すると、遠目には連続していると見えた線が実は途切れ途切れであることに気づいたりします。

このように、遠くと近くを同時に把握するのは困難ですが、その困難を克服するために発明された工夫が遠近法です。遠近法を用いない絵画では、対象すべてが画面という平面上に横並びになります。

ですが遠近法のおかげで、絵の上には実際にない奥行きという一種の空気感がつくりだされます。遠近法とは、目に見えない空気を生み出す技法なのです。

ところが自閉症者は心の遠近法や奥行きを感じ取るのが難しいと言われます。例えば、厳粛な行事の会場では、誰かが転倒しても笑ってはいけません。なぜなら、目の前で起こった滑稽な出来事という部分（近景）よりも、厳粛な行事が進行中という全体の空気（遠景）を優先すべきだからです。しかし自閉症者にとっては全体を優先させるのは難しい場合があり、社会の遠近法を体得するのは容易ではありません。遠近法以前の画家にとって遠近法が想像し難いのと同様に。

反復とコピー

個々の部分をもれなく把握しなくても、全体を把握するのは可能です。例えば、「以下同様なので省略」という操作が可能ならば、諸部分を網羅しなくても全体を手に入れられます。ですが、以下同様という曖昧な操作が使えないなら、コレクションがコンプリートするまで地道な蒐集操作を反復し続ける他ありません。コンピュータが、人の顔を大まかに認識するより、厳密な数値計算を膨大に続ける方を得意としてきたのと似ています。

自閉症のある子どもは同じビデオの特定の場面だけを繰り返し視聴したがる場合があります。かつてビデオが磁気テープだった時代には、反復再生によるテープの劣化が心配の種でしたが、ビデオがデジタル式になった現在、その心配は減りました。その結果、記録の風化が生じにくくなり、さらに一時停止やジャンプも容易になって、時間をますます空間のように扱えるようになってきました。デジタル式では、一分の巻き戻しと五〇分の巻き戻しの間に大した違いはありません。そこでは時間の遠近法は無効化されつつあり、何事も過去という遠景へ退かずに、すべてが現在という近景に留まり続けます。

自閉症者に特徴的な体験として「タイムスリップ現象」が知られています（杉山 2011:131、竹中 2012:151 も参照）。ずいぶん以前に経験した嫌な出来事を、まるで今ここで起きているかのように心の中で再体験してしまう現象です。いわば時間上のコピー&ペーストが作動して、記憶の遠近法が機能していない状態です。周りの定型発達者が時間の遠近法を用いて、過去を水に流せるにもかかわらず、自分だけが過去を現在として体験してしまうようです。「劣化コピー」という最近の表現はもちろんネガティブな意味合いを表しますが、劣化しないことがいつでもよいとは限りません。少なくとも何かが劣化していかないと、記憶は鮮やかなまま増える一方で、いつか私たちを圧倒してしまうでしょう。

一見すると、若冲の「百犬図」は子犬たちの様々な姿を描いているように思えます。ですがよく見ると、子犬のほとんどが同じ目鼻立ちをしているのです。ここで思い出すのは、自閉症者テンプル・グランディンが、犬という概念を理解するのが難しかったと回想していることです。私たちは日々、様々な犬に出会いますが、それらは一匹として同じではありません。チワワとセントバーナードを比べてみてください。この傾向は、動物の中でもとりわけ品種改良が極限まで進んだ犬に顕著です。

そこで彼女は独自のやり方で犬というものを把握しようとしました。彼女によれば、どんな犬も鼻の形は同じなので、鼻の形の共通性で犬一般を把握したと言います（グランディン 1997:29、竹中 2012:143 も参照）。判で押したように同じ鼻の形を反復することは、犬一般という全体をうまく形成できない人にとっては、別のやり方での全体把握ではないでしょうか。

犬の外形全体や雰囲気ではなく、鼻という部分に注目するグランディンの視点は奇妙に思えます。ですが、近代的分類学の開拓者カール・フォン・リンネは、花の大まかな外形ではなく、めしべやおしべという特定の器官に注目して植物種の分類を試みました。現在その方法がそのまま踏襲されているわけではありませんが、リンネの研究は、拡大し続ける知見の集積を何とか適切に秩序づけようという試みでした。グランディンもまた、自らのために独自の分類学を創始したのです。

モノトラックな人と仕事

どんなに複雑な鉄道でも基本的に一本の線路から成り立ちます。チューリング・マシンも、一本のテープが左右に動いてモノトラック的に作動します。チューリングは、このマシンによって人間のあらゆる思考が表現できると考えました。もちろんモノトラックで扱える情報は限られますが、このマシンは原理的にテープの長さも時間も無限に延ばせるため、どんな大量情報も処理可能です。

例えば、カラー写真画像はチューリング・マシンで扱えるでしょうか。一見するとモノトラックでは、このような画像は扱えないように思えます。ですが、画像を限りなく細かい「枡目描」で区切れば、モノトラックで扱うことは可能です。色ですら、例えば1は赤、01は少し黄色がかった赤、001は……という風に、数字の桁数を無限に増やしていけば、どんな微妙な色でも0と1で表現できます。すべてをモノトラック上に乗せられることがデジタル文化の基礎です。

自閉症者の世界把握はモノトラックな傾向があると言われています。一つの金槌のイメージを捉えようとする際に、まず金属の部分を捉え、その後、木製の柄の部分を捉えるという人もいるそうです(日本自閉症スペクトラム学会 2005:41)。金槌の全体を一挙に把握できないため、部分的・継起的にスキャンするのです。では、社会という全体はモノトラックなスキャンによって把握可能でしょうか。おそらくかなり難しそうです。モノトラックな把握と社会の相性がよくないために、自閉症者の「社会性の障害」は生じるように思われます。

アダム・スミスが指摘したように、一人の職人が仕事の全工程を担当するよりも、複数の工場労働者が工程を分業する方が効率的なので、分業が広まっていきました。それはモノトラックな労働形態です。単調で退屈かもしれませんが、分業はモノトラックな人にとって対処しやすい働き方でした。ところが近年、モノトラックな仕事は急速に機械化・IT化が進行中です。コンピュータがモノトラックなシステム化を得意とする以上、やむをえない成り行きです。結果的に、モノトラックではない仕事こそ人間がやるべきだという考えが広まりつつあります。

労働以外の場面ではどうでしょうか。他者との対面的コミュニケーションの際、私たちは発話だけでなく、声の調子・顔の表情・身振り手振り・体の姿勢など複数のトラックを駆使してコミュニケーションします。ですが、様々なコミュニケーション手段の中でも電子メール等はモノトラック的性質が強いと言えます。手書きメモと違い、メール文は一本の線の形で入力されます。電子メールによって私たちは自然に、モノトラックなコミュニケーションへ誘導されているわけです。そう考えれば、社会の中での自閉症者の立場とは、相手が自分と同質の相手かどうかも分からないまま、電子メールだけでやりとりせざるをえない状況に似ていないでしょうか。

私たちは電子メール利用時、知らず知らずのうちに、見えない相手とチューリング・テスト的やりとりを行っています。相手が怒っているかどうかをメール文面だけから判断するのはかなり困難です。それでも定型発達者は、メール相手が機械ではなく、自分と同質の人間であると簡単に信じられるようですが、自閉症者は日々チューリング・テストを受けているかのような不安を感じているのかもしれません。しかしながらその不安は、人間とは何かを問い直すための出発点にもなりうるでしょう。

スペクトラムとしての「自閉文化」

自閉症自体がスペクトラムをなしており、さらに自閉症と定型発達の間もスペクトラムだとすれば、つまり定型発達という状態が自閉症の端的な否定ではなく、自閉症の程度が弱まった緩和状態だとすれば、定型発達中心の〈普通〉の文化の中にすら自閉症的特徴を見出せるはずです。それを本書では「自閉文化」と呼びます。

もちろん、自閉文化というカテゴリーが厳然とあるのではなく、自閉文化的傾向の弱い文化と強い文化があり、その間に明確な境界線は引けないということです。ゆえにそれは、医学診断上の自閉症者が生み出した文化とは限りません。自閉症者とは診断されない人にも自閉症的側面がありうるのと同様に。冒頭で紹介した伊藤若冲の作品やＩＴ文化は自閉文化の特徴を持っていると私は考えます。自閉文化という枠組みで文化史を眺めると、どんな風景が見えるでしょうか。

続く第２部の各章では、様々な自閉文化について論じていきます。かと言って、それらが一つの大きな全体をつくりあげるわけではありません。むしろ、ただ反復しているだけと見えるかもしれません。ですが第２部自体が、絵のないジグソー・パズルのピースの群であり、あるいは、「自閉症が文化をつくる」という単純な主題をめぐる変奏曲を構成する様々な変奏の群なのです。有機的に統合された全体としてではなく、隣り合う諸章間の照応関係を楽しんでいただければと思います。

第2部

世界はそもそもパズルである

第5章　迷宮と蒐集――ルドルフ二世とアルチンボルド

歴史の中のマニエリスム

美術史上の本来のマニエリスムとは、偉大にして明朗なイタリア・ルネサンス絵画が過去のものとなりつつあった時代、かといって未だ、バロックという新しい芸術様式が誕生する以前の時代に、ルネサンスの技法（マニエラ）が内閉的に自動運転するかのように、極端な一方向へ突き進んだ結果生み出された絵画の特徴を指す言葉です。安定と完成の終焉と、下降と崩壊の開始という不安な時代意識にそれは裏打ちされていました。

それらの絵画は、全体の調和と均衡を犠牲にしてまで、細部に焦点を当てます。拡大鏡的に対象へ近づくことによって、凸面鏡に映る自画像のように世界全体が歪んで見えてきます。しかし考えてみれば、理想を信じられず、見たままを見ようとする人間にとっては、自分を中心とした歪んだ像こそ世界の真の姿なのかもしれません。自分中心ではない均質で完璧な世界というイメージは自然に成立するのではなく、安定した超越的秩序の裏づけがあってこそ成立し維持されうるのですから。したがって、超越的秩序が揺らぎ始めた時代になると、完璧な世界というイメージは空転し始めます。

マニエリスムの出発点となったのは、ルネサンスが終わりつつある時代のイタリアの画家たちの作品でしたが、後にこの様式は広くヨーロッパ各地へと伝播していきます。スペインのエル・グレコもそうですが、北の方で活躍した画家としては、ジュゼッペ・アルチンボルド（一五二七頃～一五九三）を特筆すべきです。マニエリスムは、自覚的で明確な様式というより芸術上の曖昧な傾向の集まりですので多様な側面があり、アルチンボルドはその一面を代表するにすぎませんが、彼の絵画は美術という枠を超えて、一つの世界観を指し示すような性質を持っています。

アルチンボルドのパラドクス

マニエリスム芸術はヨーロッパ各地で、傑出したパトロンたちの庇護の下で花開きました。その代表が神聖ローマ皇帝ルドルフ二世です。彼は画家たちを身近に集めましたが、その一人がアルチンボルドです。彼は一六世紀前半にイタリアのミラノで生まれ、世紀後半にはハプスブルク家の宮廷画家として活躍しました。

アルチンボルドの絵画で特に有名なのは一群の肖像画ですが、それらの絵は奇妙なことに、ある絵は様々な野菜だけ、別の絵は様々な魚だけをピースとして、人物の顔をジグソー・パズルのように組み立てています。鑑賞者が遠くから眺めると、厳《いか》めしい肖像画に見えますが、画面に近づいていくと、顔は次第にばらばらになって、野菜や魚が隙間なくひしめき合う陳列になってしまうのです。鑑賞者は困惑します。部分に焦点を合わせる場合と、全体に焦点を合わせる場合とで、見えてくるものが異なり、どちらを優先すべきか分からなくなるからです。

描かれている野菜や魚は空想的な存在ではなく、分類学上での種を同定できるほど緻密に描かれています。ですが、緻密であればあるほど、絵全体から意味を読みとるのが難しくなっていきます。本来ならば同じ海では生息しない魚たちや、季節の異なる野菜が、互いの隙間や距離感を失って一つの平面に集積しているのです。

アルチンボルドは「パラドクスの美学」の画家と言われます（フェリーノ＝パグデン 2017:51）。「写実的に描いた現実の断片を積み重ねることで、現実からはほど遠いイメージへとたどり着くこの逆説の絵画」は、パーツである果物や魚は一つずつ写実的なのに、遠く離れて見ると、春夏秋冬の擬人化像という抽象的全体イメージへと変貌します（渡辺 2017: 頁数記載なし）。これは一種の寄せ絵なのです。

ネイヴォンテストという心理学実験があります。小さなHという文字が多数集まって大きなAという文字をつくりあげている図を見せて、被験者に何が見えるか問う実験です。研究によれば、自閉症者は、全体をなすAよりも、部分としてのHが見えると答える傾向が強いと言われます（バロン＝コーエン 2011:80）。もし同じ被験者がアルチンボルドの絵を見たらどうでしょうか。

山口真美は『発達障害の素顔――脳の発達と視覚形成からのアプローチ』の中で、顔認識メカニズムを論じる際、アルチンボルドの絵を取り上げています（山口 2016:142）。五〇〇年近くも前に描かれた絵に、そのような現代科学的アプローチを呼び覚ます力が潜んでいるのです。

一般的にアルチンボルドの肖像画については、思想的な背景で説明がなされます。例えば、ミクロコスモス（小宇宙としての人間）とマクロコスモス（大宇宙としての自然）とが相照らし合う関係がそこには描かれているのだと。連作『四季』の場合、自然の産物によって人物が構成され、そうやって構成された人物が春夏秋冬の寓意なのです（無署名 2017: 頁数記載なし）。このような解釈では、画の中に、神聖ローマ帝国にとって望ましい安定性と全体性をイメージとして構築し言祝ぎたいという政治的な思いを見出します。帝国の広大さと多様性を象徴する様々な産物が寄り集まって、一つの堂々たる顔貌をつくりあげるわけです。たとえその当時の帝国の現実がどうであったとしても。

ですが、逆の解釈も可能だと思います。つまりこれらの絵は、帝国の確固とした統一性を表しているのではなく、仮構の全体がいつでも諸部分へと解体しかねない不安定さを暴露してしまっているという見方です（新藤 2017:176）。これら二つの解釈は盾の両面ですが、実際、当時の神聖ローマ帝国は対立と分裂の危機にありました。

思想的影響を絵画の中に見出せる一方で、より抽象的な自己言及性を見出すことも可能です。ある論者は、ホッケの『迷宮としての世界』を引き合いに出しながら、極端に強調され歪められたイメージを暗号のように用いる営みが「自己言及的な喜び」をマニエリストたちにもたらしたと指摘します

ジュゼッペ・アルチンボルド『四季』より「春」
（1563 年、サン・フェルナンド美術アカデミー 蔵）

（フェリーノ＝パグデン 2017:51）。そもそも、ミクロコスモスとマクロコスモスの照応それ自体が自己言及的です。ミクロコスモスはマクロコスモスという全体の中に収まる部分にすぎないはずなのに、部分（ミクロコスモス）がすなわち全体（マクロコスモス）であると言うのですから。

私たちは人の顔を眺める際、目や鼻など個々のピースをばらばらに認識したりはせず、顔全体として把握します。ところがアルチンボルドの絵では、顔という全体は諸部分へと解体する寸前のようです。顔の形になるよう、危うげに積み上げられた様々な野菜や魚は、市場の店頭陳列のようであり、様々な物の山は、ピース一つを抜き出すだけで崩れ落ちそうです。

逆に言えば、このような眼差しで市場の店頭を見れば、そこに人の顔を見出しても不思議ではありません。ちなみに定型発達者は、人間の顔と顔以外の物を明確に区別します。つまり、たとえ形の配置がどんなに似ていても、顔であるはずのない状況では自動的に、顔とは認識されないのです。ですが自閉症者の場合、純粋に形が似ている物体や風景を前にすると、そこに人の顔を見出してしまう場合があるようです。

あふれかえる物量は、それに相応しい空間を必要とします。商品には陳列台が必要であり、個人の私的コレクションには蒐集部屋が必要です。「珍しい貴重なものを集めて、それを陳列する部屋とか戸棚、机の引き出しのことをヨーロッパ人は「キャビネ」「キャビネット」と呼んできました。ドイツ語では「ヴンダーカマー」。英語に直訳すると「ワンダールーム」です」（高山 2016:243）。ルドルフ二世は皇帝という地位を活用して「驚異の部屋」をつくらせました。ちょうど時は、世界各地から珍しい品物や情報がヨーロッパへ集まり始めた大航海時代です。時代が未体験の驚異を豊富に与えてくれたのです（渡辺 2017：頁数記載なし）。

ルドルフ二世と「驚異の部屋」

世界周航で知られるマゼラン遠征から半世紀後、ハプスブルク家のルドルフ二世は神聖ローマ皇帝となり、その後、宮廷を伝統の首都ウィーンからボヘミアのプラハへ移しました。この思い切った遷都は、カトリックとプロテスタントの宗教対立や宮廷内権力闘争から自らが距離を置くための避難策として理解されています。

ところが遷都は結果的に新しい文化空間をプラハに生み出しました。「並外れた知識欲」を持つ文化人でもあったルドルフ二世は「レオナルド・ダ・ヴィンチの思想を手本に、無限に広がりつつも自在に操ることのできる知識の一体化という、夢のような概念に執着」しました（タピエ 2017:18,19）。その夢の実現のために彼はヨーロッパ中から芸術や科学の人材を集め、ヨーロッパが手を伸ばし始めていた世界各地から珍しい物を集めさせたのです。

蒐集物は美術工芸品に限らず機械製品も含まれていました。精密な時計仕掛けは、マクロコスモスに照応するミクロコスモスそのものです。時間はもはや連続的に流れ去るのではなく、歯車の断続的動作によって刻まれ観測される対象なのです。さらに、天文学を含む博物学資料も蒐集対象であり、生きた動物や植物を遠方から集めて飼育する動物園や植物園までつくられました。万物からのサンプリング作業によって、小天地をなす閉じた空間が生み出されたのです。皇帝は生々しい政治の渦中から逃れ、それまでの権力の中心から遠く離れたプラハの地で、内閉した濃密な文化空間を自らのためにつくり、その内部で生きようとしました。アルチンボルドのマニエリスム絵画は、そのような空間に相応しいイメージを皇帝の元へもたらしたのです。

マニエリスム芸術は公共的な場には似合いません。その点でルネサンスとは対照的であり、マニエリスムは閉じた空間でこそ真価を発揮します。その作品は、大勢でよりも、一人孤独に鑑賞する方が相応しいのです。

ルドルフ二世は孤独の中で、珍奇な物に満ちた博物学的空間をつくりあげましたが、それは伊藤若冲の絵画世界を彷彿とさせます。若冲は、傑出した文化人でもあった大坂商人・木村蒹葭堂《けんかどう》と交流があり、蒹葭堂の博物学（本草学）コレクションに親しんでいました。また、「仙人掌群鶏図」ではサボテンが描かれていますが、大坂近辺にあった外国種の植物園で写生した可能性が指摘されています（辻 2015:298）。ちなみにアルチンボルドも、ルドルフ二世の蒐集品を絵の題材としました。もちろん、皇帝が「驚異の部屋」を享受できたのは権力者だったからであり、若冲の生まれもおよそ平凡ではなく、博物資料に直接触れたり、自宅で珍しい鶏を飼えるような立場にあったのです。

ところが現在、普通の人でも自分なりの「驚異の部屋」をつくれるような条件ができてきました。インターネットがその一つです。かつての皇帝と同様、世界中から多量多彩な情報を個人的に蒐集できて、それら異質な情報を同じ平面上に配置・編集・保存できるようになりました。そこでは、古典文学の文字、珍奇な動物の写真、天体の運行動画などを並列できます。あらゆる対象はデジタルな点の集まりへと分割可能と信じられているのです。

インターネットは全体としてのまとまりを放棄することによって、諸部分の無限増殖を可能にしました。ブロック玩具で何かを組み立てるのと同様に、ある瞬間に〈これが全体だ〉と思っても、常に新しい要素を追加できるので、それまでの全体が実は本当の全体ではなかったことになります。この点で、ジグソー・パズルの自己完結性とは正反対です。全体を把握したいという欲望は常に裏切られ続け、それゆえにますます欲望は強まっていきます。「驚異の部屋」をつくらせた皇帝はこの無限の欲望を感じていたのかもしれませんが、同じことを普通の人々もパソコン上で実感できるようになったのが現代です。

第6章 「不思議の国」は「驚異の部屋」——ルイス・キャロルとアリス

自閉症の国のキャロル

近年の自閉症理解の進展とともに、かつての固定的イメージが相対化されて、自閉症者にも様々な人生があるという当たり前の事実が広く知られるようになりつつあります。当事者の文章が読まれる機会が増えたことの影響も大きいでしょう。その中で、過去の有名人が実は自閉症的だったのではないかという話題が登場するようになりました。真偽のほどは今となっては検証不可能ですが、人々の関心を惹く話題ではあります。

その際、自然科学の偉人や、音楽や美術のつくり手がよく取り上げられます。心の遠近法を駆使する言語表現よりも、理数的発想や非言語表現の方が、自閉症的思考の活躍の場として向いているように見えます。ですが、少数ながら文章家が話題となる場合があります。例えばルイス・キャロル（一八三二～一八九八）がそうです。キャロルの伝記のおかげで、彼の奇人変人ぶりは以前から知られていました。この伝記的事実に近年の自閉症研究を掛け合わせることで、キャロルが自閉症的だった可能性が取りざたされるようになってきました（フィッツジェラルド 2009:78）。

もちろん、作者が自閉症的であったからと言って、作品が自閉症的であるとは限りません。しかしながら、少女アリスの物語は現代でも高い人気を誇っており、そのユニークさを自閉症と結びつけてみたい誘惑を感じます。以下ではその誘惑に従い、自閉症論の視点を援用して論じてみます。

『不思議の国のアリス』や『鏡の国のアリス』は、面白いキャラクターが登場する荒唐無稽な夢のような話です。主人公であるアリスはむしろ常識人という印象を受けますが、ある日突然、不思議な世界へ降りていき、そこで奇妙なキャラクターたちと出会います。アリスの振る舞いはおおむね常識的と思われるのですが、キャラクターとのやりとりがいかにも変なのです。では、キャラクターたちの方が変なのでしょうか。どうもそうとは言い切れません。なぜなら、キャラクターたちは至極まじめに振る舞っているように見えるからです。ただ、「不思議の国」のルールや常識が、アリスや私たちが属するこの世界と異なっていて、キャラクターが自分たちの世界のルールを字義通り守ろうとすればするほど、アリスは困惑し腹を立てているように見えます。「不思議の国」では一体、誰が誰を困らせているのでしょうか。

遅刻するウサギ

物語の冒頭、主人公アリスは退屈しています。ところが、その直後に登場したウサギは遅刻を怖れています。この描写は特段変わっているようには見えませんが、自閉症者とともに生活している者にとっては思い当たる節があります。

自閉症者にとって、時刻厳守を始めとする秩序の維持は日常生活上の一大事です。例えば、同じ目的地にたどり着くための道筋がAとBの二つあり、いつもAの道を通っているとします。ところがある日、Aの一箇所で道路工事が行われているために通行止めになっていたとしましょう。多くの人は不満を感じながらも、しぶしぶBの道を通るでしょう。ですが自閉症者の中には、Bの道をとれずに立ち往生してしまう人がいます。確かにルーティンから外れるのは不安ですが、その不安のために当初の目的が放棄されてしまうのは共感しにくいでしょう。なぜそう思うかと言えば、どの道で行くかという手段よりも、ある場所への到着という目的の方が重要であり、手段は二の次というのが、大抵の定型発達者の判断だからです。秩序に対する自閉症者の強いこだわりは、定型発達者から見ると本末転倒に見えます。

『アリス』のウサギは時刻厳守にだけ関心が向いているかのようです。それは、何らかの目的のための時刻厳守ではないため、読者には奇妙で無意味に見えます。『アリス』の登場キャラクターたちは随所でこの種の本末転倒を実践しており、それが読者にノンセンスの感覚をもたらしてくれます。

ですがこのこだわりは、時間に対する純粋な関心の表れとも考えられます。キャロルは少年時代、ラグビー校で規則ずくめの堅苦しい学校生活を送りましたが、その後の彼にとって「時間の計測」は「長年心を惹かれつづけたテーマ」となりました（ウィルソン 2009:39）。そもそもキャロルはなぜこのテーマに魅了されたのでしょうか。学校生活での嫌な経験との関連だけでなく、時間の流れ自体に心惹かれたのではないでしょうか。

キャロルの「人間のタイプ」

ホッケの「常数としてのマニエリスム」概念を独特な形で展開したのが英文学者・高山宏です。彼は『アリス』に「常数としてのマニエリスム」を見出し、独自の論を展開してきました。ホッケの『迷宮としての世界』には『アリス』は登場しませんが、「自閉症」という用語が登場していました。そして、『アリス』の作者キャロルは、現在の知見からすれば、自閉症的だった可能性があるわけです。つまり、高山を媒介として、ホッケとキャロルの間には自閉症が浮かび上がってくるのです。これは偶然の一致でしょうか。

キャロルは「生涯、厳しい日課と規律をつくり、守りつづけ」ました。キャロルは「自分は自分として括弧に入れ、どんどん他人や社会の方に目を向けていけるような実際的な人間のタイプ」ではありませんでした（高山 2008:12）。一九八一年の文章（『アリス狩り』初版）で高山は、このようなキャロルの姿を一つの「人間のタイプ」と呼びました。しかし本書ではそれをあえて「自閉症」という名で呼び直したいと思います。

一九世紀後半に出版された『アリス』は、百数十年を経た現在でも人気を保ち続け、様々な視点で分析されてきました。例えば、ヴィクトリア朝社会の変貌、つまり「旧来の土地貴族を核にした農本主義的な社会体制から、中産商工業階級が絶大な発言力をもつブルジョワ民主主義社会への転換」と結びつけるのは説得力があります（高山 2008:13-14）。この社会的転換が「閉ざされ、自足した親密な空間の解体劇」を引き起こし、それへの対応としてキャロルの「人間のタイプ」を、ヴィクトリア朝という時代背景とのつながりです。キャロルの「人間のタイプ」を、ヴィクトリア朝という時代背景とのつながりで分析されてきました。

汽車と流れ去らないもの

この解体劇の際に、汽車という新技術が重要な役割を担いました（高山 2008:16）。伝統的で農本主義的社会を直線的に貫き、新しい資本主義社会を切り開いたのが汽車でした。キャロルは「外の世界をはっきりと「流れゆくもの」として恐怖し、それに対して不動の、いつも親しい、内側の世界をつくり、それに執着しようと」しました（高山 2008:20）。ですが、新時代とともに登場した汽車の直線的運動が「閉ざされ、自足した親密な空間」を切り裂いたのです。少年時代の彼は、整然と図式化された「「鉄道ごっこ」ルール表」をつくるのが好きでした。ルール表に則って汽車ごっこをすることで、流れゆくものを留めようとしたのです（高山 2008:21-22）。

汽車ごっこは多くの人にとってお馴染みの遊びですが、詳しい規則をつくって自由な動きを制御しようとする汽車ごっこはユニークです。それは変わった遊びというだけでなく、キャロルにとって切実なものでした。高山によれば、「遊びが一時、遊び手を外の現実から切り離された閉じた世界に隔離してくれることと、遊び独自の規則がらみの性格が、混沌きわまる世界に戸惑っている人間にとっては、一時、自分の世界を規則の中に支配できているという幻想を与えてくれること」が重要なのです（高山 2008:22）。

ごっこ遊びは自閉症論でよく取り上げられ、定型発達の子がごっこ遊びをスムーズに行うのに対して、自閉症のある子は苦手と言われます。ですが、自閉症のある子も定型発達の子と同様に、アニメやマンガの好きなキャラクターのまねをします。ただ、そのまね方が、ごっこというよりは〈なりきり〉になりがちです。

ごっこ遊びはその場の文脈に応じて柔軟に展開します。例えば、八百屋さんごっこの場合、その場にある物を適宜、野菜に見立てて遊びます。このような柔軟性ゆえに、一緒に遊んでいる子が思いつきで別の物を野菜に見立てたとしても、とっさに調子を合わせて対応可能です。それに比べると、なりきり遊びは柔軟性が低く、規則が固定的です。それゆえ、一緒に遊ぶ子が規則から逸脱した振る舞いをすると、規則遵守を強く求める場合もありうるでしょう。

ごっこ遊びでは、相手がどう振る舞うかによって自分の振る舞いは大きく変わります。例えば、二人のごっこ遊びの途中で片方が飽きてやめてしまえば、他の一人も自然とごっこを終わらせることになります。演じている役柄と役者本人の関係が緩やかで、簡単に切り離されます。ですが、なりきり遊びの場合は必ずしもそうではありません。なりきっているので、たとえ一人だけになっても、なりきりは継続可能です。キャロル少年の汽車ごっこは、厳密な規則を自らつくって他者にもそれを遵守させようとする点で、なりきりに近かったように思います。

現代日本においても、自閉症のある子が鉄道を好む場合が多いのではないかと指摘されてきました。他の乗り物と比べても、鉄道は、規則性・同一性・反復性が際立っています。例えば、鉄道車輛の種類は多様ですが、線路の幅や架線の高さという制約があるために、車輛の幅や高さはほぼ同じです。乗降ドアの位置もそれほど多様ではありません。それでいながら、細部や彩色の違いによって、車輛の種類は区別できます。様々な車輛を図鑑のように並べて絵に描いてみると、その特徴がよく分かります。

さらに、同一線路上の走行という制約ゆえに、列車間の追い越しは不可能で、順序がしっかり守られます。列車運行は一義的な時刻表に従うので、毎日同じ時刻に同じ列車が同じ駅に到着します。鉄道は空間的にも時間的にも、目に見える秩序を反復するシステムであり、可視的かつ予測可能な秩序を好む人々に安心感をもたらすのでしょう。

コンパートメントと構造化

少年時代に鉄道規則による汽車ごっこに興じたキャロルは大人になってから、汽車の中に新たな安らぎの場を見出しました。「後世まれに見る人嫌いになったキャロルが、唯一付き合った無数の少女たちとの密会の場として選ばれたのが、もっぱら汽車のコンパートメント」でした（高山 2008:21）。コンパートメントとは客車の個室席のことで、小さく閉じられた空間です。キャロルの人生と創作には、「無残に開かれてしまいつつある閉じた世界への執着というテーマ」が見出せると高山は指摘します（高山 2008:20）。高山は、閉じることへのキャロルの執着を、世界を強引なまでに切り開こうとする「ヴィクトリア朝の利潤追求のエゴイズム」に対する抵抗と見ています。

しかしながら、外的現実からの解放や自由の獲得が目的ならば、がんじがらめの規則は別に必要ないはずです。彼はなぜ規則を求めたのでしょうか。キャロルにとっては実は、自由の獲得よりも「自分の世界を規則の中に支配できているという幻想」の方が重要だったのではないでしょうか。彼は「混沌きわまる世界に戸惑っている人間」だったのですから。

自閉症のある子は教室で落ち着いていられず、授業中でも歩き回ったり騒いだりして、困難に陥ることがありますが、原因はその子の内側にあると思いがちです。しかし、周りの環境との関わりが問題の場合もあるはずです。定型発達者ならば、環境が騒がしくても、その影響を自らの力で遮断できます。電車の中で他の乗客が騒いでいても我慢できますし、我慢できなければ、他車輌へ移るなど何か対策を自力で編み出せます。

ところが自閉症者の中には、外界からの影響をあまりに直接的に受け取ってしまう人がいます。結果的に、外界が荒々しくなると、その人の内面も影響を受けて、荒々しくなってしまいます。定型発達者でも悲しい音楽を聴けば悲しい気分になりますが、限度がありますし、悲しい気分から抜け出す術を知っています。ところが自閉症者には、それがうまく行かず、自らが悲しい音楽になりきってしまう人がいるのです。

自閉症という名称からは、外界からの影響を遮断する殻のイメージが浮かびます。ですがそれは、外的影響に振り回され困惑しているためなのかもしれません。学校の教室は概して影響過剰になりがちです。教室内の秩序は、ダイヤグラムに従う鉄道の秩序に比べれば遥かに曖昧で、授業中でも学童たちはかなり自由に発言しますし、突然笑い声があがり、茶々が入ることもあります。先生の板書は必ずしも整然としていません。ましてや休憩時間には、同じ教室が「混沌きわまる世界」になります。居心地の悪さを感じる定型発達の子ならば、休憩時間に教室を離れたり、読書に没頭したりして、周囲の混沌から自分を切り離そうとするでしょう。ですが自閉症のある子はそのような対処がうまくできない場合もあるようです。

感覚とコンパートメント

ここで「コミュニケーションの障害」が重要になります。目に見えない自らの苦しみを言語で他者へ伝えるには、コミュニケーションしたいという当人の意欲と実行力、そして適切な話し相手が必要です。しかしその条件はなかなか満たされません。苦しみはあるにもかかわらず、それが他者に伝わらないのです。そのため、専門家ですら最近まで、感覚過敏という本人にしか分からない問題に十分に注意を払えませんでした。突破口になったのは、子どもだけでなく大人の発達障害者の存在も注目されるようになり、言語表現力の高い自閉症当事者が自身について語ったり文章を発表する機会が増えたという近年の状況です。

しかし、外界との関係に問題があると分かっても、外界を丸ごと変えるのはなかなか困難です。教室の賑やかさを好む定型発達者も多いですし、時刻表的な堅苦しいスケジュールを嫌う人もいます。そこで考案されたのが、「構造化」の一環としてのパーティションの活用です。教室内の一部に、外界からの感覚刺激や情報の洪水から物理的に遮断された仕切り空間をつくりだすのです。まるで列車のコンパートメントのように。

鉄道は、前近代的な親密空間を解体する直線的近代化の産物ですが、同時に、その内部に、閉じた空間としてのコンパートメントを生み出しました。走行中の列車の閉空間は、外の風景が絶えず変化するため、独立性はさらに高まります。速度によって新しいタイプの閉じ方が創出されたわけです。現在では想像しにくいですが、初期の鉄道旅行は振動や衝撃との戦いでした。客車内の内装をどうすれば、外部振動を遮断できるのか。それが技術上の課題でした。そして「鉄道の客車のショック・アブソーバーとして始まったインテリアの技術を、鉄道会社はインテリア会社に売った」のです。このように「ショックのめくるめきから身を守ろうという文化」から、私室のインテリアに工夫を凝らす近代の生活スタイルが生まれました（高山 2016:266,267）。

コレクションの部屋

規則や秩序によって安心する人、あるいは、外界からの影響を遮断できれば安心できる人は、どんな部屋に住もうとするでしょうか。すっきりと片づいた部屋でしょうか。キャロルの場合は違いました。彼は、他人にはガラクタに見えるおもちゃやオルゴールを多数集めていました。そしてオルゴールを鳴らす際には「なぜか全部ドラムをひっくり返して、逆回転で聞く」のです（高山 2007:261）。なぜオルゴールを逆回転で聞くのでしょうか。まるで行きと帰りで同じ線路を逆方向に走行する鉄道のように。

オルゴールは、時間を空間へ変換する装置です。本来は時間的に不可逆な流れである音楽を、ドラム上の空間的パターンに変換して保存・再生します。それゆえオルゴールでは、逆回転による演奏も可能になりました。現代社会で言えば、デジタル・ビデオの登場によって逆回し再生が容易になったのと似ています。

自閉症者は雑談が苦手と言われます。そもそも雑談は、録音して聞き直すようなものではなく、その場での時間の流れに身を委ねる行為です。それは、時刻表に従って運行する鉄道よりも、川を行く船に乗っている状態に似ています。ですが世界そのものに対して安定した帰属感を持てない自閉症者にとっては、自らの空間や時間を完全に統御できずに身を委ねるような状況は不安を生み出すのではないでしょうか。

堅苦しい会議のような場面では、議題も議事進行もあらかじめ決まっていて、想定外の展開は最小限に抑えられますが、雑談では一歩先は闇なのです。自閉症者が会話の中で、時間を巻き戻すかのように同じ質問を繰り返すのも、そのような不安に対処するための苦肉の策ではないでしょうか。

高山によれば、それまでのキャロル研究では、彼のガラクタ集めは単なる幼児性の表れとして片づけられてきました。その点を高山は批判します。ちなみに先に引用した高山の『近代文化史入門――超英文学講義』（二〇〇七年刊）の原本刊行は二〇〇〇年ですが、当時はまだ発達障害に関する知見が広く知られてはいませんでした。同じ二〇〇〇年に奇しくも、「ＡＤＤ（注意欠陥障害）」（当時の用語）に悩む女性の日常を描いたサリ・ソルデン著『片づけられない女たち』（原著は一九九五年刊）の邦訳（ニキ・リンコ訳）が刊行されました。この本を一つのきっかけにして、ガラクタ集めにしか見えない振る舞いが発達障害との関連で論じられるようになったのです。集めるという行為の背後には何があるのでしょうか。

バロン゠コーエンは自閉症者の行動を理解するための補助線として、「システム化」という概念を提唱しました（竹中 2012:168）。「システム化」は「共感化」の対語です。共感化がばらばらの諸物を抱擁するように大づかみにまとめる力だとするならば、システム化は諸部分を一つ一つ列挙し整理整頓する力です。自閉症は、システム化が不均衡なまでに強い状態だと言うのがバロン゠コーエンの考えです。彼はシステム化優位について次のような例を挙げます。「一つの楽器で何度も何度も、同じメロディーを演奏すること」「〝ポケモン〟のセットを全部集めること」「全種類のカメの名前を覚えること」（バロン゠コーエン 2011:97-101、竹中 2012:169 も参照）。

キャロルもシステム化に秀でた人だったようです。彼は「「儀式的行動が全て」というきわめて統制された男」であり、「「徹底性こそが読書の全ての規則である」と信じて、系統的に読書をした」と言われます（フィッツジェラルド 2008:386）。ガラクタを多数集めるのは、共感化の強い人から見れば、片づけられていない混乱状態と見えるでしょう。ですがシステム化の強い本人にとっては、たとえ見た目はすっきりしていなくても、ガラクタを遺漏なく揃えることで「コンプリート」状態を達成し、安心感が得られるのかもしれません。

それはジグソー・パズルと似ています。たとえピースがばらばらで全体の絵ができあがっていなくても、すべてのピースが揃ってさえいればシステム的には安心できます。大事なのは、諸部分がすべて揃っていて遺漏がないことです。パソコン内のデジタル・データのように、ソートしさえすればいつでも整理可能なのですから、当面の乱雑さ加減は大して問題ではありません。

コレクションの対象は、オルゴールのような可視物に限りません。系統的に読書するキャロルの頭のコンパートメントには言葉の大蒐集が収められており、オルゴールのドラムを逆回転させるように、あらゆる言葉が逆転・分解・組み替えられ、徹底的に加工されたことでしょう。定型発達者にとって言葉は何よりコミュニケーションの道具ですが、自閉症者にとっては、カード集めのようにコレクションの対象にもなりうるのです（佐々木 1993:121）。

キャロルは彼独自の「驚異の部屋」における言葉の錬金術によって、ノンセンス文学としての『アリス』を生み出しました。ノンセンスとはセンスの単なる欠如ではなく、センスを構成する諸要素を一旦ばらばらにした上で、センスではない何かを構築することです。それは、センスとは別種の並べ替えによって構成されたコレクションなのです。

『アリス』の読者は、自分の住み慣れた世界が一旦、無数のパーツへと解体され、そして別のルールに従って再構築される様子を目撃します。ちょうど子どもが、ブロック玩具で組み立てた学校を解体して、同じパーツを使って海賊船を組み立てるように。

第7章　名探偵・妖精・心霊——コナン・ドイルとホームズ

名探偵と錯視

映画『イミテーション・ゲーム／エニグマと天才数学者の秘密』でチューリングを演じたのはベネディクト・カンバーバッチでしたが、彼はまたテレビドラマ『SHERLOCK』で現代のシャーロック・ホームズを好演しています。ホームズはその人物造形が愛され、名探偵の代名詞として知られています。近年、彼の発想や行動は自閉症的だとも考えられています。

フィッツジェラルドによれば、アスペルガー症候群のある人（最近はあまり使われなくなった用語ですが、ある種の自閉症スペクトラムの人）は、鋭い観察眼を持つ「いわば『傍観者』」としての特徴を持っています。確かにその観察眼には「統合的一貫性が欠けている」のかもしれませんが、他方、「ほかの人たちが見すごしてしまう細かな点まで見る能力」があり、この能力は探偵業に最適なのです（フィッツジェラルド 2009:125)。なお、ここで「統合的一貫性」と訳されているのは、既出の central coherence であり、「求心性統合」「全体性統合」などの訳語もあります。

自閉症者は、ある種の錯視、例えば「エビングハウスの錯視」を起こしにくいという知見がありす(フリス 2009:290、竹中 2012:200)。錯視とは、ある図形が周りの状況の影響を受けて、実際とは違った形に見えてしまう心理現象です。これは、定型発達者では起きて当然の現象なのですが、自閉症者の場合には生じにくい場合があります。つまり定型発達者と自閉症者では、認知をめぐる心理作用に違いがあるのです。

フリスによれば、自閉症者に錯視が起こりにくいという傾向は、自閉症者の「求心性統合」の弱さのため生じます。定型発達者は、諸部分を一つの全体としてまとめあげる力が強いので、ある図形の大きさを周りの状況との関わりで判断してしまい、大きさの過大あるいは過小評価を引き起こし、長くあるいは短く見えたりするわけです。ですが自閉症者の場合、求心性統合の弱さゆえに周りの状況から影響を受けにくいため、錯視が起きにくいのです。定型発達者でも、錯視図形の一部を紙で覆って図の全体が見えないようにするだけで錯視が起こらなくなるのも、同じ理由からです。

そう考えれば、求心性統合の弱さとは、絶対的な弱さや欠如というわけではなく、錯視に陥らないという能力として肯定的に評価可能なのかもしれません。同様のことは図形認識以外でも起こりえます。

錯視の考え方を拡大解釈すれば、定型発達者が持つ社会性もまた錯視の産物ではないでしょうか。

定型発達者のように求心性統合が強いと、人間関係の把握において一種の錯視現象が生じます。目に見えるのは個々人だけなのですが、その向こうに社会という全体を錯視してしまうのです。社会は直接目に見えませんが、錯視のおかげで、個々人を統合してできた大きな何かつまり社会が浮かび上がります。見えるものだけを信じる立場からすれば、これは単なる錯視の産物にすぎません。ですが、そのおかげで個人は、自己利益を超えて社会のために行動しようとするわけです。

ホームズは「ほかの人たちが見すごしてしまう細かな点まで見る能力」を持つ名探偵ですが、反面、社交性を欠いた奇人として描かれています。この両面はともに、「求心性統合」の弱さに由来するように思われます。

名探偵とは対照的に犯人は巧妙に錯視を悪用します。それがトリックです。目の前に犯行の証拠が残っていても、人々の注意が錯視によってミスリードされると、その証拠が見えなくなってしまいます。エンターテインメントとしての探偵小説で重要なのは、犯人を特定するための手がかりは既に目に見える形で与えられていることです。事前にすべての手がかりが与えられているにもかかわらず、読者も含めて誰もが錯視によってミスリードされる中で、純粋な「傍観者」としての名探偵だけが錯視を起こさずに難事件を解決し、読者は満足します。

もっとも、すべての名探偵が自閉症的なのではありません。フリスは、自閉症的ではない名探偵の例として、アガサ・クリスティが生み出したミス・マープルを挙げています（フリス 2009:63）。感情豊かなミス・マープルに対して、ホームズは思考マシンのような印象を受けます。同じカンバーバッチがチューリングとホームズをともに演じているのは偶然ではないのかもしれません。

すれ違いの人生

名探偵ホームズを知らない人は少ないでしょうが、その作者サー・アーサー・コナン・ドイル（一八五九～一九三〇）を知らない人はいるかもしれません。コナン・ドイルの人生は、奇妙なすれ違いの連続でした。彼は小説を書き始めてからほどなくホームズ物で成功を収め、経済的にも社会的にも認められるようになりました。しかし彼はホームズという自らが生み出した人気キャラクターを必ずしも尊重しませんでした。

ドイルにとってホームズは、自らの多面的な関心・活動・成果のうちの一つのピースにすぎません。ところが世間はそう見てくれません。世間からすればドイルは何よりもホームズの生みの親でした。彼自身は歴史小説家を自認し、そのジャンルで自信作を発表しましたが、ホームズ人気に遥かに及びませんでした。結果的にドイルは生涯、自分は世間から不当に扱われているという不満から逃れられなかったのです。

自閉症者は時に、自分はまったく誤解されているという強い思いに囚われてしまう場合があります。ドイルもそうでしたが、ホームズ物への評価のすれ違いだけではありません。人気作家ドイルはその後半生を、心霊主義の研究に捧げました。ですが世間の人々は、彼が期待するほどにはその研究を認めてはくれませんでした。心霊主義は当時かなりまじめに論じられましたし、第一次世界大戦をめぐるドイル個人の悲劇も関わっており、事情は複雑でしたが、彼の心霊主義への情熱は、論理の人ホームズの作者というイメージとかけ離れていて、人々の共感を得られなかったのです。

ドイルは社会的成功と誤解という奇妙なすれ違いの人生を送りましたが、ドイルとホームズで一つすれ違わなかったことがあります。それは両者とも、現代の視点から見れば、自閉症的だったという点です。

フィッツジェラルドは『天才の秘密』(二〇〇五年刊)において自閉症論の視点からコナン・ドイルを論じていますが、その際、ダニエル・スタシャワーの浩瀚《こうかん》な『コナン・ドイル伝』(一九九九年刊)に依拠しています。この伝記の後半では、心霊主義を世に知らしめるのを自らの使命と考え、死の直前まで痛々しい努力を重ねるドイルの姿が描かれています。批評家はこの伝記を、ドイルの内面が描かれていないと批判しますが、フィッツジェラルドはスタシャワーを擁護します。

フィッツジェラルドによれば、アスペルガー症候群のある人は「心の理論」の理解を苦手としますが、他者の「心の理論」を理解することなしに「自己の感覚を形成すること」は困難です。ドイルもまたそのような「自己欠落」の人であり、したがって、「自己欠落」の人の伝記において自己をありありと描き出すのは至難の業なのです(フィッツジェラルド 2009:123)。

もしそうならば、ドイルがホームズ愛読者の気持ちを忖度できず、自分への誤解に不満を持ち続け、他方、ホームズ愛読者が作者ドイルの思いを理解できなかったというすれ違いはやむをえなかったのかもしれません。ホームズ愛読者は時に、ドイルはワトソンの「著作権代理人」だと、皮肉を込めてコメントします（スタシャワー 2010:21）。つまり、本当の著者はドイルではなくワトソンだという意地悪な冗談です。それほどホームズ愛好者にとってドイルは共感し難く疎遠な存在でした。

通常の芸術創造においては、創造者としての作者がキャラクターを生み出すわけですが、ドイルの場合、ホームズの創造者としての確固とした地位には恵まれませんでした。ドイルに対して「サインがほしいと言ってくることもたびたびあったが、ドイルのサインよりもホームズのサインをほしがるほうが多かった」のです（スタシャワー 2010:172）。作者ドイルの存在感は、自らが生み出した「完全に推理と観察の機械」であるホームズ（スタシャワー 2010:162）に吸い取られてしまったかのようです。

自閉症者は時に「ファンタジーへの没頭」を示します。例えば、アニメ・キャラをモデルにして「想像上の友人（imaginary companion）」をつくりあげることがあります（松井・田中 2011:142-143）。愛読者たちがドイルにホームズのサインを求めた時、ホームズは読者にとっての「想像上の友人」だったのかもしれません。

失われた世界

ドイルは、現在はあまり知られていない自作小説『失われた世界』（一九一二年刊）とその続篇の主人公であるチャレンジャー教授が好きでした。ドイルがチャレンジャーの扮装で義弟宅を訪れ、義弟の前でいつまでも〈なりきり〉を続けたため、あきれた義弟の怒りを買ったというエピソードがあります（スタシャワー 2010:348）。これは、自閉症のある子がなりきり遊びを好むという知見を思い起こさせます。

『失われた世界』はＳＦの先駆作の一つと言われます（スタシャワー 2010:346）。チャレンジャーたちが南米アマゾンへ冒険旅行に行き、先史時代の恐竜や猿人が住む失われた世界を発見するという筋書きです。また、続篇である『毒ガス帯』は、地球と人類が宇宙規模のアクシデントに見舞われて絶滅の危機に瀕する物語です。この物語では、私たちの生きる世界とは別の「次なる世界」の存在を示唆する設定が用いられており、心霊主義への傾倒の前触れだという見方があります（河村 1991:149）。今から見ればこの二作は、世界終末型ＳＦや異世界ファンタジーの先駆と言えるでしょう。

内海健によれば定型発達者は、言葉を習得し始めるとともに、言葉以前の世界を夢や空想という辺境へと追いやってしまいます。ところが自閉症者は時に、定型発達者にとっては「失われた世界」である言葉以前の世界を「リアルタイムに」生きることがあるのです（内海 2015:216）。

既述のようにドイル自身は自らを歴史小説という既存ジャンルに位置づけていました。そのため、自分が歴史小説家として理解されないという不遇感から終生逃れられませんでした。しかし、そのような世間からずれた自己認識とは裏腹に彼は、探偵小説やＳＦという新しいジャンルを自力でつくりあげ成功を収めました。既存ジャンルに合わせて自らを形成するよりも、自らに合わせて新たなジャンルをつくりあげたのです。彼には、既に何かが書き込まれた石板ではなく、まだ何も書き込まれていないまっさらな石板が必要なのでした（スタシャワー 2010:533）。

探偵小説と心霊主義と

小説全般の中で探偵小説というジャンルは特徴的です。少なくとも古典的な探偵小説においては、犯人を特定するという一義的な目標が最初から明示されています。近代小説全般が人間心理や行為の多義性の追求であることを考えれば、探偵小説の一義性志向は特徴的です。

物語展開の途中で犯人が反省して自首したりはしませんし、犯人が犯行に至るまでの同情すべき複雑な社会的背景は、古典的名探偵にとって関心の的ではありません。誰が犯行に及んだかが重要なのです。名探偵以外の人、例えば刑事の場合、個人的怨恨や金銭問題など犯行動機の点で怪しい人物を疑うのに対して、名探偵はそんな錯視に陥りません。目に見えない人情や動機ではなく、具体的で客観的な証拠だけから犯人を推論していきます。名探偵は良くも悪くも「傍観者」なのです。

それはゲームでありパズルでもあります。そこには複雑な迷宮はあっても、嘘やまやかしはありません。必ず出口とそこへ至る解法があります。自閉症者は嘘を見抜くのが不得手で、だまされやすいと言われます。嘘をつくというのはそもそも論理的ではありません。パズルとしての探偵小説では、その物語の語り手、さらには犯人でさえ嘘をつかないという前提があって初めて、たった一つの正解へ至るのです。語り手による地の文が基本的に嘘ではないと信じられるからこそ、推理は成り立ちます。また、犯人はトリックを論理的に見破られると、自ら犯行を認めてしまいます。その意味では嘘つきではありません。

「クレタ人は嘘つきだ」とクレタ人が言うならば、その発言（「クレタ人は嘘つきだ」）は絶対に嘘ではないのです。この場合の「嘘つき」とは、日常会話における嘘つきとは違って、大まじめに発言すべてが遺漏なく嘘だということです。だからこそ、そこからパラドクスが導かれます。「嘘つき」が、時々嘘をつくとか、発言の八割ぐらいが嘘だという程度ならば、パラドクスは生じません。発言のすべてが嘘という文字通りの厳密さが重要なのです。

したがって、パラドクスにおける嘘つきは非真実しか口にしない発言者のはずなのですが、こんな厳密な嘘つきは現実には存在しそうもありません。ですが自閉症者にとっては逆に、時々だけ非真実を口にするような中途半端な嘘つきの方が想像しにくいのではないでしょうか。自閉症的傾向を持っていたと思われる哲学者ルートヴィヒ・ウィトゲンシュタインは、小さな子どもがたわいもない嘘をつくかもしれないという可能性を想像すらできませんでした（竹中 2012:244）。ともあれ、様々な近代小説の中で、登場人物が嘘をつかないという点で探偵小説は際立っています。

チューリング・マシンは、正しい情報と同じく、間違った情報をいくらでも出力できます。すべての正しい出力数値に1を加算するというプログラムを組めば、出力はすべて間違った数値になります。ですがこれでは、現実に存在する、時々嘘をつく嘘つきとは別物です。厳密すぎるのです。果たしてマシンは本当の意味で嘘をつけるのでしょうか。

ドイルが心霊主義に心酔してしまったのは、人を疑うのが苦手でだまされやすかったからだと言われます（スタシャワー 2010:448）。彼は「途方もない信じやすさ」を持っていましたが、これは自閉症者の特徴でもあります。ある自閉症者によれば、間違った情報を一度受け入れてしまうと、情報を言った本人に訂正してもらわない限り、思い込みを修正するのは難しいと言います（福本 1996:154）。ドイルは、妖精写真を撮ったという少女の嘘を疑わず、周囲の人が諌めたにもかかわらず、妖精の実在を最期まで信じ続けました（河村 1991:172、スタシャワー 2010:449 も参照）。写真を撮った少女が後年いたずらを告白したのは、ドイルが亡くなった後でした。

スタシャワーによれば、ドイルは『妖精物語――実在する妖精世界』（一九二二年刊）の中で、妖精の実在を実証することの難しさについて語っています。私たちは限られた色のスペクトラムしか感知できないのと同様に、「人間界とは異なる霊気の別世界」が実在していても、私たちはそれを感知できないでいるとドイルは主張しました（スタシャワー 2010:444）。色のスペクトラムの端に位置する赤外線が目に見えないのと同様に、妖精は目に見えないと言うのです。

第一次世界大戦中からドイルは、「心霊の世界――「次なる世界」の実在」を人々に知らしめることが何より重要な自らの使命と信じるようになり、そのために全力を注ぎました（河村 1991:181）。彼は独力で「心霊主義者教会」を創立しようと躍起になったりもしました（スタシャワー 2010:497）。ドイルの考えでは、私たちは未だ世界の一部のスペクトラムしか認識できておらず、その限界を自覚させてくれる手がかりが心霊現象なのです。

ここでドイルは自らが世界の理解という深遠な問題に取り組んでいると信じ、それに比べれば探偵小説のことなど些末事にすぎないと思いました。したがって彼が、科学的思考に留まるホームズより、もっと広いスペクトラムを扱う『失われた世界』の冒険者チャレンジャー教授の方を好んだのは当然でした。

心霊主義への没頭と反比例するように、彼が書くホームズ物の質は下がっていき、ホームズ愛読者たちを嘆かせました（スタシャワー 2010:505）。その点、合理主義者ホームズと心霊主義者ドイルとは一見すると正反対に思えます（スタシャワー 2010:503）。しかしながら両者には共通点があります。コナン・ドイルは最初、心霊主義に対して懐疑的でした。ところが、様々な心霊実験の結果を見聞きするうちに、次第に心霊の実在を信じるようになっていきます。つまり、誰か権威者がそう言ったからではなく、実際に自分が見たという点が決定的だったのです。

自閉症者には「みえないものはないのと同じ」という傾向があるようです（内海 2015:268）。これは裏返して言えば、自分に見えたものは断固として受け入れるということではないでしょうか。そこに、人の発言や行動の裏を疑うことがない「途方もない信じやすさ」が加わったわけです。彼は妖精写真を見てしまった以上、誰が何と言おうとそれは事実だと信じました。一旦ある合理的推論を確信できれば、その合理性を認めない世間の空気を読んだりはせずに、ひたすら自ら信じる合理性を追求するという点では、ホームズとドイルは共通しています。

他者の嘘にだまされやすいという困難と、他者が端的に嘘と見なすような荒唐無稽な物語をつくりだす能力とは、同じ盾の両面なのかもしれません。ルイス・キャロルが『不思議の国のアリス』を生み出すきっかけとなったのは、知人の娘である少女にせがまれて、荒唐無稽なつくり話を始めたことでした。

荒唐無稽な物語づくりは、架空のキャラクターへのなりきりや「想像上の友人」関係とも関わっているようです。自閉症者は「想像力の障害」を持つと言われてきましたが、これは必ずしも一切の想像力を持たないということではなく、「社会的」と呼ばれるタイプの想像力が不足しているという意味であって、社会性とは別様の想像力を持っているのかもしれません。そのような想像力はどうしても「自己ファンタジー」と呼ばれがちです。この呼び方には、他者と共有できないという否定的ニュアンスが込められていますが、それでもやはり一つのファンタジーなのです。

ファンタジー小説『ゲド戦記』で有名なアーシュラ・K・ル゠グウィンは、ジャンル小説として貶められがちなファンタジーを擁護する論考で次のように記しています。「物事を文字どおりに理解する（リテラルな）精神は、ファンタジーを読むための望ましい資質だ」と（ル゠グウィン 2011:56）。荒唐無稽な魔法もドラゴンも、描かれてさえいれば確かにそこに実在するのです。

心霊主義に傾倒した晩年のドイルは、世間からは「想像力の障害」を持つ者と見えたでしょう。それはやむをえないことでしたが、同じドイルの自己ファンタジーから生まれたホームズは、世界中の読者の「想像上の友人」となりえました。そして今もなおホームズに会うために、実在しないベーカー街の居心地のよい部屋を訪れる人は後を絶たないのです。

第8章　点と線——エリック・サティの奇想の音楽

音楽の新しい居場所

フランスの作曲家エリック・サティ（一八六六〜一九二五）の名を知らない人はいるかもしれません。ですが、サティの音楽は日本でもかつて一世を風靡したので、知らないうちに耳にしたことがあるはずです。「ジムノペディ」のような彼の曲には癒やしのイメージが伴いますが、サティの生涯は癒やしとはほど遠いものでした。人との摩擦も多く、同時代の毀誉褒貶は極端でした。晩年は貧困のうちにあり、没後の評価も彼自身が自負したほどよくはありませんでした。長らく、音楽史の主流から距離を置いた存在と見なされ、生前に交流のあったドビュッシーやラヴェルと比べても、知られざる作曲家に留まっていました。

ところが、ある時期から日本を含めた一部の国々で、不当に忘れられた先駆者として脚光を浴びるようになり今日に至っています。しかしながら、現代のコンサート・シーンにおいてもサティの曲がよく取り上げられているとは言えません。華やかな演奏会とは別種の音楽享受の場においてサティは聞き継がれています。彼は、音楽の新しい居場所の可能性を指し示した作曲家でした。

とりとめのなさ

私たちはサティの音楽を、コンサートホールではないどこか普通の場所でBGMとして聴く機会が多いはずです。しかしそれは自室の家具のように、確かにそこにありながら思い出そうとしても明瞭に思い出せない何かであり、皆が集まって共有するのではなく一人で向き合う音楽です。

作曲家・ピアニストの中島ノブユキは次のように書きます。

「普通は何度か弾いてゆくうちに曲が体に脳に指に染みこんでくるものだ。はじめて接する曲でも何度か弾くうちに大まかな構成を把握できる。（中略）しかしサティの曲はそうはいかない。（中略）簡単な曲かな、と思って弾き始める。と、すぐに間違える。あれ、なんだこの和音は。全く前後の関係性がないぞ。（中略）何度弾いてもその楽曲への理解が深まるどころかその「とりとめのなさ」そのものに楽曲把握への手がかりを奪われる事に気がつく。この曲どうなっているの?・」（中島ノブユキ 2015:16）。

定型発達者が自閉症者と会話している時にこのような感想を持つのではないでしょうか。自閉症者は、議題がはっきりした会議よりも、雑談の方が苦手だと言われます。結果的にぎくしゃくした会話のやりとりに終始してしまい、話し相手は「とりとめのなさ」を感じてしまうのです。

小沼純一によれば、サティの作曲法は「ひとつの楽曲全体を先にイメージしているのではなく、手探りで、一つや二つの、せいぜい一つに対して前と後とのつながり程度のパースペクティヴで音をおいていく」やり方です（小沼 2015:277）。

サティの音楽は、ジグソー・パズルのピースを一つ一つ置いていくやり方に似ています。隣のピースの縁がどんな形かにだけ注目して、その形にぴったり合うピースを探してはめていきます。注目するのは、隣同士のピースの縁の形だけであって、完成後にパズル全体で形づくられる予定の絵ではありません。自閉症者の中には、ジグソー・パズルを裏返し状態でやすやすと解いてしまう人がいます。つまり、パズル全体の絵柄を手がかりにするのではなく、隣り合うピース同士の当てはまり具合だけで解いていくのです。

無人島にて

サティは変人として知られており、自作の多くに「彼の足に魚の目があることを利用して輪まわしの輪を横取りする」といった感じの曲名をつけています。ですが、必ずしもふざけているわけでもなさそうです。また、たった一人でカトリックの宗派を立ち上げ、自宅を修道院としました。もっとも彼以外誰も入信しませんでしたが。

彼の「大まじめなのかふざけているのかわからない態度」について中島万紀子は「本来的には「無意味」であるはずの「ナンセンス」が、意味をまとって立ち上がってしまう」と評しています（中島万紀子 2015:117）。そこにあるのは意味と無意味のパラドクスです。

サティの偏屈さや頑固さについてのエピソードは少なくありません。ある評伝では、パリ中心部から労働者街アルクイユへ転居して以降の彼の日常は「無人島での暮らし」のようだったと形容されます（レエ 2004:7）。他方で彼は、労働者街の子どもたちとは交流しました。サティの無人島には物理的に人が居なかったのではなく、彼の生き方そのものが無人島的だったのです。秋山邦晴によれば、アルクイユの部屋には、生前、誰一人入室を許されませんでした。彼の死後、弟や友人たちが遺品整理のために入るとそこには、古新聞の山と「包装紙に包まれたままの百本近い新品の雨傘」が残されていました（秋山 2014:311）。

フィッツジェラルドは『天才の秘密――アスペルガー症候群と芸術的独創性』の中でサティに一章を割いていますが、アルクイユの部屋を「自閉症的聖域」と呼びます（フィッツジェラルド 2009:217）。彼の部屋は、本人にとってしか意味のない、つまりノンセンスなコレクションの場なのでした。

サティの部屋の描写は、現代アメリカ社会で生きる自閉症の若者たちを描いた映画『モーツァルトとクジラ』（二〇〇七年日本公開）での、主人公男女それぞれの部屋のイメージを思わせます。女性主人公は善かれと思って、古新聞やガラクタで埋め尽くされた男性主人公の部屋を片づけてしまうのですが、それを見た彼はショックを受けパニックに陥ります。そこは彼にとっての聖なる「アルクイユの部屋」だったのです。

奇想の音楽

生活上の奇人ぶりもさることながら、サティの音楽も奇想ぶりを発揮しています。「無限に繰り出される陽気なメロディ。和声づけは「出たとこ勝負」だ。目指すところはただ音を途切れさせないこと、愉快な気分を醸し出すことだけである」（レエ 2004:67）。ところがサティは既に旺盛な作曲活動をしていながら突然、対位法を学ぶためと称して音楽学校へ入学します。そこでの先生ヴァンサン・ダンディは彼の曲を「同じモティーフを繰り返しすぎる」と評しました（レエ 2004:71）。無限の繰り返しは成長発展とは相性がよくありません。このような唐突さや繰り返しは、作風の変遷にも表れています。五十嵐玄によれば、他の多くの作曲家の場合、時代とともに作風が発展・成長し成熟に至るという流れを見出しやすいのですが、サティの場合それが難しいのです。「同時期に非常に異なる作風が存在したり、二〇年の時を隔てて兄弟のような作品が現れたりする」のです（五十嵐 2015:250）。

既述のように彼は自作曲にノンセンスな題をつけましたが、それは、言葉をパズルのように予想外の仕方で組み合わせるのを好んだということでもあります（フィッツジェラルド 2009:228）。そこにあるのは、起承転結の整然たる流れではなく、予想外の組み合わせによるトリックです。ですが予想外は必ずしも不規則ではありません。ただ他の人々と規則を共有していないだけです。

サティはある時期、3という数字にこだわっていました。例えば、ある時期の作品はすべて三曲一組としてつくられました。このようなエピソードを知るとまずは、キリスト教の三位一体と関わりがあるのではないかと思いつきます。ですが、ある時期になると、三曲一組へのこだわりは姿を消してしまい、代わりに六度の音程が頻用されるようになります。3足す3は6というわけです。となるとこれは、宗教思想に則った厳粛な規則というよりも、パズルやゲームのように加算減算する営み、そして「「3」という数字そのものへの執着」にも思えてきます。もっとも、現在のところ、3へのこだわりは「神秘主義的な態度」や「超越的理想主義」の表れだとする解釈が有力です（レエ 2004:49-53）。ですが、それでもやはり、数へのこだわりにはノンセンスな側面もあったのではないでしょうか。

ともあれサティの数字に対するこだわりは、気まぐれではなく「自分の手段に制限を加えなければならない止むに止まれぬ理由」があったようです。その自己制限のため彼は一小節作曲するにも「たいへんな離れ技」を強いられました（レエ 2004:49-50）。ですがその労苦の感覚は人々と共有されませんでした。

そもそも数学を本業とするルイス・キャロルは、自作の随所に42という数を潜ませたと考えられています。それは「一種の暗号」なのです（木場田 2013:184）。もっとも、読者が暗号を解読することを作者が期待していたかどうかは分かりません。結局、暗号は自分へと向けられていたのかもしれません。

このようなこだわりは一見すると自由の反対に思えます。つまり、こだわりが強いほど自由が失われると。ですが本当にそうでしょうか。強いこだわりを持つ人は思考や行動が制限されるため、他の人なら自然に受け入れられる常識や規則を守れなくなり、結果的に常識から逸脱せざるをえません。そして、実はそこにこそ、強固な常識から自由になれる可能性が生じてくるのかもしれません。サティの音楽もそのような自由の産物だったのではないでしょうか。後年、新しい時代が到来し、ようやく皆が一斉に従来の常識を捨て去れるようになって初めて、頑固者サティは図らずも先駆者として再評価されるようになりました。

現代作曲家ジョン・ケージはサティの擁護者でしたが、ケージがサティの曲に見出したのは自由奔放な逸脱ではなく「整然とした数的な構造」でした。そのような数的構造が、「作曲に際してまず調性的、和声的な構造を設計したベートーヴェン」とは異なる音楽を生み出すきっかけになったのです（柿沼 2015:237）。サティは構造に対抗して無構造を主張したのではなく、全体的ハーモニーを生み出す構造とは別種の構造を利用して、ハーモニーに依拠しない音楽をつくりました。結果的に見れば、数へのこだわりが既成構造からの自由を生み出したのです。

一般的な立場では、自閉症者が示す強いこだわりは克服すべき障害です。ですが自閉症者にとってその克服は容易ではなく、障害〈克服〉のためだけに人生の大部分を使い尽くしてしまいかねません。そこで近年は逆に、その人特有のこだわりをいかに生活に活かせるかという方向へ発想が転換しつつあります。例えば、点描でしか絵を描けない人がいれば、無理に他の描き方を教え込むよりも、点描だけでよい絵が描けるように支援するわけです。もちろんそれで問題すべてが解決はしませんが、自閉症者が生きる世界を豊かにするための一つの試みと言えるでしょう。

調性と点

フィッツジェラルドによれば、「高機能自閉症の人」(最近はあまり用いられなくなった用語)は「時や空間を超えている」ように見えるため、中世かルネッサンス時代の人のようだと言われるそうです。実際サティは、友人ドビュッシーによって「今世紀に迷い込んできた心優しい中世の音楽家」と評されました(フィッツジェラルド 2009:235)。サティは、調性音楽が当然という時代の空気を読まず、古い旋法で作曲しました。柿沼敏江によればサティの和音は、機能和声法を無視するかのように「旋法的に自由に」動きます(柿沼 2015:241)。

さらに楽譜の常識に反して、小節線なしで作曲したこともあります。ですがサティは復古でも革新でもありませんでした。後年、彼は新しい無調音楽の先駆者と呼ばれましたが、これは意図せざる結果です。調性という空気を読まなかったために、図らずも無調の先駆けになっただけなのです。彼は、伝統への叛逆に価値を見出すという意味で自由奔放だったわけではありません。四〇歳にもなってわざわざ対位法の厳格なルールを学ぶために学校へ入ったのですから。彼は大まじめであり、その挙げ句結果的に音楽史上のブレイクスルーをつくってしまったのです。

大まじめなサティは、音楽が一つの流れとして全体を形成するという常識すら棚上げにしてしまいました。一曲が一つの連続的全体であるというのは果たして自明なのでしょうか。考えてみれば確かに、楽器は一つの音を瞬間的に発するにすぎません。ピアノのような複雑な楽器であっても、一本の指で出せるのは一つの音だけです。そのようなばらばらの音の群が楽譜上で連続体を構成すると私たちは何となく思っています。ところが山田うんによれば、「サティの音楽は点」であり、「点が集まっても点以上にはならない」のです（山田 2015:65）。

もし仮に点が集まって線ができるのならば、線の流れは予測可能です。点が三つ並んでいるのを見るだけで私たちは、それらの間に緩やかな曲線を引いてしまいます。一部が切れた円を見ると、そこに完全な円を錯視するのと同様に。楽譜における横のつながりは、音楽には連続した流れがあるべきことを示唆しており、実際に大抵の音楽は調性的秩序の下でそのようにできています。ところがサティは、点が集まっても線にはなりえないという身も蓋もない原則にこだわります。結果として彼の曲は旋法的秩序の下で、点のように孤独です。音楽史の流れからも。コンサートホールの社会性からも。

このように孤独な音楽は近代的コンサート会場には似合いません（蓮沼・小沼 2015:202）。サティは次のように書き残しています。「私の夢――あらゆるところで演奏されること、でもオペラ座はおことわり」と（サティ 2014:185）。

「ヴェクサシオン」という曲は一つの動機（モチーフ）を八四〇回繰り返すのを要求しており、演奏会で実演するには向いていません。3という数字をパズルのように駆使したこの曲は「個人用の、内面的な規律を維持するため」の作品なのです（レエ 2004:51）。サティの曲は、演奏者と聴衆が舞台と客席に分かれて向き合う社交場ではなく個室で、実演ではなく録音によって、深夜のヘッドホンの孤独な聴取のための音楽として今も聞き続けられています。それは家具のように、ただそこにあるのです。

第9章　缶詰が並んでいる——アンディ・ウォーホルの凍りついた宇宙

鏡としてのウォーホル

アンディ・ウォーホルは商業イラストで成功を収めた後、一九六〇年代初め、米国のスーパーマーケットに並ぶ平凡なスープ缶イメージの反復によって「ポップアート」のスーパースターとなり、今や、二〇世紀を代表する芸術家として評価されています。現在、私たちがウォーホルの作品を美しいと自然に感じてしまうのは、彼の影響の深さの証しと言えます。

最も有名なのは、日本のスーパーマーケットでも普通に売られている、赤と白二色で塗り分けられたシンプルなデザインのスープ缶をいくつも並べて描いた作品でしょう。一見するとそれらは同じ缶に見えますが、缶の中身はそれぞれ異なります。缶の中身の種類は異なるにもかかわらず、すべてが同じデザインであり、中身の違いを示唆するのはラベル上の文字情報だけです。このような画一性と記号性の雰囲気は、六〇年代米国の文化や社会の反映でした。ポップアートは二〇世紀アメリカという時と場所に深く同期した芸術であり、宮下規久朗のウォーホル論の副題が「20世紀を映した鏡」なのは示唆的です。

ところがフィッツジェラルドはこの作品に「自閉症的な反復性」を見出します（フィッツジェラルド 2009:292）。もしこの見方が正しいとすれば、ウォーホルとその作品は「20世紀を映した鏡」だけには収まらない位置を占めることになるでしょう。

確かにウォーホル作品の特徴は反復にありますが、しかし反復自体は芸術の諸領域で頻繁に利用されてきました。むしろウォーホルのユニークさは、模様が同じなのに文字情報だけが異なる缶を全種類もれなく描いたという点です（宮下 2010:34）。宮下によれば、「ウォーホルの連作は同じ商品のすべての種類を描いただけであり、反復する動機は画家の側にはなく、主題、つまり商品の側にあったのである。商品が32種類あるから32点の作品を描くという、一見合理的だが、作者の制作意図や創意というものがうかがわれない連作である」（宮下 2010:37）。

この作品における「自閉症的な反復性」は、三二種類をすべて描いたことに端的に表されています。全体というものを指し示すためには様々なやり方があります。例えば、君主や国旗で国全体を表す場合、一つの人あるいは物だけで全体が表されます。ですがウォーホルが用いたのは、個々の部分をわざわざすべて揃えるという手法でした。

既述のようにバロン＝コーエンは、自閉症者によく見られる行為の例として「〝ポケモン〟のセットを全部集めること」「全種類のカメの名前を覚えること」を挙げました（バロン＝コーエン 2011:97-101、竹中 2012:169も参照）。個々の部分を細大もらさず集め尽くすのがポイントであり、反復の営みは、すべてを集めるためにこそ必要な手順です。そこでは、「以下同様」のような省略方法は採用されません。もし「以下同様」がうまく機能するならば、スープ缶の絵を三二枚も並べる必要はなかったでしょうし、結果的に彼はスーパースターにならなかったもしれません。当時、大衆的商品イメージをそのまま描いた画家はウォーホル以外にもいましたが、反復せずに一個だけ描くのが普通でした。反復したウォーホルこそがスーパースターとなったのです。

機械になりたい

フィッツジェラルドによれば、ウォーホルは「社会的な場面での振る舞い方を知らないかのような行動」が多かったと言われています。定型発達者の場合、他者と一緒にいる場面から退去しなければならない時には、「急用ができた」などの理由づけや文脈を他者に表明することで、スムーズに場面転換してその場から去ろうと試みます。ところがウォーホルは、何の前触れもなく突然に姿をくらましてしまったそうです。まるで『アリス』のチェシャ猫のように（フィッツジェラルド 2009:295）。

商品棚に並べられる清潔なスープ缶から、生活感情は読みとれません。特に、全種類のスープ缶が並んでいる様子からは、作者の意図を読みとることはできません。なぜなら、全部が揃っている、すなわち偏りがないために、この味が嫌い／好きというような作者の選択や意図が表現されていないからです。ジグソー・パズルの最後のピースをはめて全部を揃えた時、意味はなくなり、作者は消えるのです。

ウォーホルが最も創造的だった六〇年代を経て名声を確立した時期、彼は社交界の常連となります。そこでの「果てしないおしゃべり」は『ウォーホル日記』に記録されました（宮下 2010:225）。彼の日記には、曖昧で可視化されない友情よりも、一義的で可視的な関係である金銭の方が頻繁に登場します。

社交界の著名人となった彼でしたが、手術の後遺症のせいで唐突にこの世から姿を消します。後に残された自室には、大金を払って買い求めた蒐集品があふれていました。だがそれらは決して趣味がよいとは言えず、友人の証言によれば「馬鹿げたもの」が数多く含まれていたと言います。蒐集癖と馬鹿馬鹿しさ（ノンセンス）の組み合わせは、ルイス・キャロルを思い起こさせます。フィッツジェラルドは「自閉症的な視点から見れば、人生は確かに馬鹿馬鹿しく見える。アスペルガー症候群の人が無意味なものに惹かれることは多い」とコメントしています（フィッツジェラルド 2009:297）。

無意味と言えば、機械は物を生産しますが、意味を生産することはなく、清潔なまでに無意味です。ウォーホルは雑誌の取材に対して、「僕が見せたいのは機械的なものだ。機械は人間より問題が少ない。僕は機械になりたい」と答えています（フィッツジェラルド 2009:297）。彼は、あまり手を使わずに同じイメージを大量につくれるシルクスクリーン技法を愛用しました。シルクスクリーン以前の「ダンス・ダイヤグラム」という作でも、ダンス・ステップの流れを番号順に図解して、「作者の介在や手の動きをなるべく否定し、ダンスの動きや制作手順の機械的なメカニズム自体を作品化」していますす（宮下 2010:47,272）。

機械メカニズムでは手順と手順の間に少しでも隙間があると作動しないので、途中経過は一切省略できません。例えば、たった一個の歯車が次の歯車と嚙み合っていないだけで、機構全体が作動しなくなります。隙間や飛躍のなさが機械的ということであり、それが作動の安定性を保障してくれます。翻って、人間性や主体性は隙間にこそ宿ります。ところが彼は自ら機械になりたいと言います。まるでチューリング・テストの被験者のように。フィッツジェラルドが引用する芸術批評家オットー・ハーンによればウォーホルは、一切の感情とは無縁の「清潔な、機械的な世界」や「凍りついた宇宙」にこそ「現実から身を守る避難場所」を見出せたのです（フィッツジェラルド 2009:296）。かりに人類滅亡後に地球に到来した宇宙人が彼の絵を発見したとして、宇宙人は絵から何かを読みとれるでしょうか。

下着と缶詰

イアン・ジェイムズによれば、ある自閉症を持つ作曲家はウォーホルの著書『ぼくの哲学』中の下着の話を読んで、ウォーホルが自閉症的なのに気づいたと記しています（ジェイムズ 2007:274）。その作曲家によれば、どんな下着を選ぶかは自閉症者にとって些末事ではありません。実際、感覚過敏を持つ自閉症者にとって、下着の質や洗濯タグの感触は無視できない問題だと言われています。『ぼくの哲学』の末尾を飾る「下着パワー」という文章は、友人とデパートへ下着を買いに行った際のエピソードを記したものです。彼は、自分の下着を自分で買わない人は信用できないと言います。買い物の際には彼自身、洗濯タグに記された洗濯法の指示内容が以前と変わっていないかという細かな点まで確かめないではいられませんでした。若くして名声と富を獲得したウォーホルは自らの哲学を締めくくるにあたり、下着を買うというささやかな営みをテーマに選びました。下着とは、自分を世界から守ってくれる境界線であり、そこで世界はせき止められて私が始まる界面なのです。

何かで自分の身体をすっぽり包むことで安心を得られる自閉症者がいます。例えば、ダンボール箱の中へ隙間なく収まることで安心するのです。ウォーホルにとって下着とは、トレードマークである銀髪のかつらやサングラスと同様に、「凍りついた宇宙」の中で生き延びるための宇宙服だったのかもしれません。自分は他所の星から来たかのようだとウォーホルが言っていたのは示唆的です。

彼は、自分が好きで毎日食べていたスープの缶を描いた作品で有名になりました。身近なイメージが世界の果てまで彼を有名にしたのです。それが缶詰だったのは示唆的です。食べ物の多くは放置しておくと腐ってしまいますが、缶詰はそのような時間の流れから切り離され、常に同じ味と品質を保証してくれます。音楽で言えば、オルゴールやレコード盤に似ています。宮下によれば、ウォーホルは裕福になった後でも質素な食生活を続けました。「スーパーで買ってくる保存食品はいつでも食べられるし、毎日同じ味がするから安心できる」からです（宮下 2010:56）。

自閉症者の中には、食べ物の味や見かけに独特のこだわりを持つ人がいます。たとえ同じ種類の食べ物でも、特定の会社の特定のブランドしか食べなかったりします。これは果たして味の微妙な違いのせいでしょうか。それとも、ブランドのレーベルが貼られていて視覚的に同一であることが、自らの同一性維持のために必要なのでしょうか。さらに言えば、白い食べ物しか食べないという自閉症者もいるようです。逆に言えば、同じ白色であれば、違う種類の食べ物でも構わないわけで、同一性が維持されるのは色だけなのです。

サティは「音楽家の一日」という文章の中で、「私は白い食物だけを常食とする」と記しています（サティ 2014:103）。白い食物の例として挙がっているのは、卵・砂糖・塩・米・白チーズなど様々で、味の同一性が重要ではないことが分かります。もっとも、サティのことですから本気かどうかは分かりませんが。

ウォーホルは、誰もが同じものを食べるという社会状況からヒントを得て、自らの作品をつくりました。その点で彼の思いには、資本主義の大量生産によって実現できるかに思えた「平等への理想」が残っていたとも言えるでしょう（宮下 2010:57）。裕福な人も貧困な人もスープ缶を開ける時は同じなのですから。しかしながら資本主義はそのような理想すら呑み込んでいきます。市場で高額に取引される絵画に描かれた対象物としては、このスープ缶が最も安価だろうと思います。

自閉症者は時に「生まれながらの平等主義者」と呼ばれることがあります。皮肉にもそれは、目に見えない社会的上下関係がうまく把握できないことに由来します。例えば、自閉症のある生徒が校長にため口をきいてしまう場合があります。昔ならば、服装（つまり人間の外装パッケージ）から他者の身分を容易に推測できたでしょう。ところが現在、服装から他者の社会的地位を推測するのは難しくなりました。そもそも労働着だったジーンズをはきタートルネックのラフなセーターを着ているからと言って、大企業経営者でないとは限りません。その分だけ、目には見えない雰囲気を読んで、相手の社会的・経済的地位を判断する必要が増えています。金持ちのスマホと家賃を払えないほど貧困な人のスマホとは、それほど見かけが違うわけではありません。目に見えやすい平等と目に見えにくい不平等との狭間に私たちは生きています。

ウォーホルがアメリカ合衆国で一躍注目されたのは一九六〇年代ですが、伊藤若冲がアメリカ人富豪によって〈発見〉されたのは一九五〇年代後半でした（芳賀 2016:97）。これは偶然の一致なのでしょうか。それとも、この時代のアメリカに、このような発見を促す文化的・社会的土壌があったのでしょうか。辻惟雄は伊藤若冲の「池辺群虫図」に描かれた多彩な生き物たちについて、どこかの寺の古池を訪れた時に若冲が、池辺の生き物たちを「そこにいたから、いた通りに全部描いた」のだろうと推測しています（辻 2020:100）。ウォーホルがスーパーに並ぶスープ缶全種類を描いたのと同じように。ちなみに、イギリスのチューリングが構想したプログラム内蔵式コンピュータが商用化されたのも、一九五〇年代のアメリカでした。次の章では、この同じ時期に同じ国で注目を集めたピアニストのことを紹介します。

第10章　パズルと対位法——グレン・グールドの録音スタジオ

奇人のコンサート・ドロップアウト

クラシック音楽のピアニスト、グレン・グールド（一九三二〜一九八二）は一九五〇年代半ばにアメリカ合衆国で衝撃的デビューを遂げた後、その奇人ぶりで知られるようになりました。自閉症的な偉人たちの列伝を書いたイアン・ジェイムズの表現を借りれば、グールドの「彼独特の癖」（physical mannerisms つまり、身体的なマンネリズム）が顕著だったために奇人と見なされたのです（ジェイムズ 2007:281）。例えば彼はコンサートの際に足を組んで演奏したり鼻歌を歌ったりして、従来のコンサート・マナーを逆なでしました。

このようなエピソードはいかにも傍若無人な印象を与えますが、よく考えてみると、足を組んだり鼻歌を歌ったりするのは自宅や楽屋での演奏ならば普通のことであり、それ自体が法外な振る舞いというわけではありません。ですが、演奏会場では到底適切ではありませんから、つまりは場の空気を読まない態度です。

舞台上の演奏者に対して聴衆が期待するのは、音楽への没頭です。と同時に、フォーマルな場なのですから、自宅で寛いでいるような振る舞いをしないことも期待されています。演奏者は聴衆がいないかのごとく没頭し、かつ、聴衆の存在を前提にして折り目正しい演奏会マナーを守る必要があります。演奏者は、相矛盾する要求を同時に満たさねばならないのです。

彼の奇行の最たるものは「コンサート・ドロップアウト」です。彼は若くして演奏会においてもレコードにおいても名声を博しましたが、ある時期から演奏会への出演をやめてしまい、以後はレコード制作が活動の中心となります。現在では、録音中心の音楽活動は、とりわけクラシック以外では普通のことです。ですがグールドの時代は必ずしもそうではなかったので、彼のコンサート・ドロップアウトは先駆的だったと、今から見ればそう思えます。ですがこれは、時代の最先端を目指したというよりも、彼個人の悩みと関わっていたようです。

グールドは、他人が自分とは異なる気持ちを持っていることをうまく理解できなかったと言われます。例えば、彼は曇天が好きでしたが、世の中には晴天が好きな人がいることを知って驚きました（バザーナ 2008:399,400）。一見すると利己主義的な考えに見えますが、他人の気持ちが分からないことと、他人の気持ちを慮《おもんぱか》らないこととは別です。利己主義者にとって他人は単なる道具にすぎませんが、他人の気持ちが分からない人にとって、他人とは謎であり脅威です。そのような人が、他人と関わることに居心地の悪さを感じ、もっと理解しやすい対象、すなわち家具や機械や数字に惹きつけられるのは不思議ではありません。

「親密な関係を結ぶことを苦手とすること、人間より物とのほうがよい関係をもてる傾向」が彼にはありました。父親からもらった演奏会用の椅子をぼろぼろになるまで使ったことはその典型です。また彼は「数字狂」でした。バザーナによれば、グールドにとって数を数えることは「世事をコントロールしているような幻想を抱こうとする努力」なのであり、「多様性と無秩序から受けるストレス」に対処するために必要でした（バザーナ 2008:396,397）。

内海健によれば、自閉症者の特徴の一つは、蒐集物と「良好な関係」が持てる点です。さらに抽象的に、「論理や数学、アーカイヴ（地図や時刻表）」との関係が安心感を与える場合もあります（内海 2015:281）。自閉症者には「自他の地続き性」という特徴もあります。つまり「相手が自分と違う考えをもっていることなど思いもよらなかったり、相手が自分のことを当然知っているものと思い込んでいる」場合があるのです（内海 2015:118）。だからこそ、物との関わりの方が安心できます。「人間以外のものはウソをつかないし、ウラがない。そして裏切ることもない」のですから（内海 2015:127）。

パズルと錯視

こうしてグールドの活動は録音中心となっていきましたが、彼にとって録音が重要だったのは編集が可能だからです。コンサートは一期一会ゆえに、演奏を反復したり分割したりはできません。ところが録音では、繰り返し可能なだけでなく、録音テープの切り貼りによって部分への分割・再構成ができます。コンサート・ドロップアウトによってグールドは一回性から逃れ、反復と編集を思うまま追求できたのです。

演奏会が時間的連続性の秩序であるのに対して、録音テープ編集においては、連続性は必ずしも重要ではありません。編集とは、組み合わせパズルのように、空間化された時間（録音テープ）を切り貼りする作業ですが、このパズルを解くための「超人的な技」を彼は持っていました。ですから「ある作品の統一された演奏を実現するのに、なにもコンサートのような時間的連続性は必要としていなかった」のです（バザーナ 2008:425）。

ここで思い出すのは、一部の自閉症者がジグソー・パズルを得意とするという知見です（フリス 2009:274、竹中 2008:42も参照）。パズルの解答は一義的であり、他に可能な解答がないからこそパズルたりえます。偶然的な文脈依存性や一回限りのパフォーマンス性は、パズルにはありません。録音のように精確に繰り返し可能です。

パズルのイメージはまたグールドの音楽上の好みとも関わっています。彼は、当時のピアニストの一般的レパートリーである初期ロマン派をあまり好みませんでした。なぜなら、幻想曲や即興曲によって代表されるロマン派音楽は、即興性や偶然性ゆえに「パズル好きの頭脳」にとっては扱いづらいのです。

「パズルは即興では作れない。うまく作るためには一ピース一ピースが正しい場所にはめ込まれなければならない。」（バザーナ 2008:424）

「私はフゲッタが得意でした」とグレンは自慢げに語っている。「ジグソー・パズルをはめこんでいくようなものでした。」」（オストウォルド 2000:95）

「パズル好きの頭脳」が苦手とするロマン派音楽は和声進行を重視します。メロディが勝手気ままに動くのではなく、メロディは常に和声進行によって制約を受け続けます。その制約により多彩な音の色合いが紡ぎ出されるのです。それはメロディが和声（ハーモニー）という場の空気を読む営みと言えるでしょう。既述のように、自閉症者はある種の錯視を起こしにくいという知見がありますが、錯視が場の空気を読む営みだとするならば、和声進行という場の空気を読むロマン主義音楽は、音楽上の錯視の産物だと言えます。ちなみに松岡正剛は、「ロマン主義には部分的な感情よりもずっと全体の感情が横溢する」と書いています（松岡 2019:182）。

しかし、ロマン主義に典型的に見られる和声への従順さや社会化だけが音楽のすべてではないはずです。では、「パズル好きの頭脳」はどのような音楽技法を得意としたのでしょうか。

対位法と和声

グールドはバッハを得意としましたが、その演奏では対位法の扱いが際立っていました。対位法では、同時進行する複数の旋律が独立性を保ちながら、一つの音楽を紡ぎ出します。和声的な音楽では、上声部・内声部・低声部のうち上声部が中心になりますが、対位法では内声部や低声部の旋律が強調されます。グールドは、あまり対位法的に書かれていないモーツァルトの曲でも対位法を強調し、専門家から批判されました。上声部を強調すべきところで内声部や低声部を強調する演奏が、悪ふざけと受け取られたのです。しかしグールド自身は「上声部以外のどこかに焦点を合わせたくなる」、それは「悪ふざけ」ではなく「構造上の要請」なのだと語っています（グールド／コット 2010:62）。

彼は協奏曲というジャンルを好みませんでした（オストウォルド 2000:333）。協奏曲では通常、独奏楽器が主役でオーケストラが脇役と位置づけられます。これはいわば、独奏楽器が上声部で、オーケストラが内声部や低声部を担当するようなものなので、彼にはこのような役割分担が気に入らなかったようです。鍵盤楽器の曲でも同様に、右手と左手が対等に活躍すべきだと考えていたので、「対位法人間グールドは右手だけが活躍するモーツァルトの書法を揶揄している」と青柳いづみこは記しています（青柳 2011:205）。当時、モーツァルトの協奏曲がコンサートホールの華であったことを思えば、グールドの音楽の好みは一般向けとは言えませんでした。

音楽に限らず、和声的ではない振る舞いは、社会の中で葛藤を引き起こしがちです。グールドはコンサートにおいて聴衆との間に和声をつくるのに苦慮し、対位法的な緊張状態を引き起こしてしまい、コンサートから自らドロップアウトせざるをえなかったのかもしれません。

このことは、自閉症者が他者からの影響を過剰に受けやすいという知見を思い起こさせます。内海健によれば、自閉症者にとっては他者の言葉や振る舞いがストレートに「深く入り込んでくる」ので「即物的な侵入感」を感じてしまいがちです（内海 2015:137,141）。実際グールドは、他者に体を触られるのを非常に嫌い、それが対人トラブルにまで発展したことがあります。また、夏でも冬着を着ていたのは、まるで外界に対する自己防衛策のようでした。

「他者からの被影響性」の表れとして内海が挙げる例が、他者になりきる「ものまね」です（内海 2015:142）。他者になりきることによって、他者からの甚大な影響を何とか自己制御しようと試みるのです。グールドもまた「みずから創作した架空の人格による物まねの達人」でした。それは彼なりの「不安に対抗する方法」でした（オストウォルド 2000:324）。

清潔さと構造化

このような彼にとってコンサート・ドロップアウトは苦肉の策でした。ですがその結果として彼は録音を残すことになったのです。クラシック音楽では長い間、コンサートでの生演奏こそが本番であり、録音は次善の策にすぎませんでした。ですがグールドにとっては、客席に向き合う演奏会場よりも、防音壁に囲まれた録音スタジオの方が正念場となったのです。

片山杜秀によれば、グールドが好むバッハ・ハイドン・シェーンベルクは「主題などを分析すれば見通しよく読み解ける、その意味で清潔・潔癖な音楽」であり、好きでないモーツァルト・シューマン・ドビュッシーは「不条理な閃き、あるいは不可解な饒舌さを多々含んでいて見通しがわるい」のです（片山 2010:64）。この意味では、対位法は「清潔」です。彼は当時の常識に反してピアノを「対位法的な音楽を演奏するのに最適な楽器」と見なしていました。

彼は、楽劇で知られるヴァーグナーがピアノ曲を書かなかったことを惜しみ、いくつかの曲を選び、編曲・録音しましたが、選ばれた「《ニュルンベルクのマイスタージンガー》第一幕への前奏曲」は、グールドに言わせれば「構造の輪郭が対位法として抽象的に描ける作品」であり、だからこそ、ピアノに編曲しても、その魅力は損なわれないのです（ロバーツ／ゲルタン編 1999:483,484）。この前奏曲のポリフォニーを表現するためには二手だけでは足りなかったため、彼は多重録音の手法を用いました（バザーナ 2008:288）。これも、録音テープの空間的編集によって初めて可能となった試みです。

ちなみにフランス人サティは対位法に親近感を抱いていました。彼に言わせれば、ドイツロマン派が駆使する近代和声はドイツ産であるのに対し、対位法はイタリア人音楽家が生み出したという意味で「ラテン系」であり、自らがその系譜に連なることを誇っています。サティから見れば、対位法のバッハはあくまでラテン系の巨匠たちの後継者なのです（サティ 2014:173）。

グールドにとって、緻密な分析に適した対位法的音楽は、時間の面で「構造化」しやすく、録音スタジオは、パーティションで区切られた「構造化」空間だったのではないでしょうか。彼が生涯の最初と最後に発表したのはバッハの「ゴルトベルク変奏曲」でしたが、グールドがデビューした時代、この曲は演奏会の人気演目ではありませんでした。演奏者と聴衆が相互作用するコンサートの華は、多声音楽よりも和声音楽であり、厳密な枠組みに従う変奏曲形式よりも自由な発想が活かせるソナタ形式でした。グールドの選曲は時代の空気を読まない振る舞いでした。しかしながらその演奏は、録音機器を媒介とすることによって熱狂的に受容されたのです。

グールドの時代

オストウォルドが紹介する友人証言によれば、会話場面においてもグールドの話はいつも「独白」であり、「双方向の会話はほとんど成り立ちようがなかった」と言います（オストウォルド 2000:225）。一九四〇年代に自閉症が発見されて以降、自閉症者のイメージは内に閉じこもる寡黙な人の姿でしたが、近年、自閉症者のあり方の多様性が知られつつあります。その一つが「積極奇異型（active but odd group）」です。

このタイプは、他者が自分とは異なる考えを持つということが想像しにくいゆえに、相手が関心を持つかどうかにお構いなく、自分の関心事はいくらでも話し続け、相手のプライバシーに遠慮なく踏み込んでしまったりするため、自己中心的印象を周りに与えてしまい、話せば話すほど社会的孤立を深めかねない人々です（竹中 2016c:18）。積極奇異型を含む自閉症者の複数のタイプが提唱され、自閉症者のイメージが多様化されたのは、ようやく一九七〇年代の末です（フリス 2009:126）。それは、グールドが早すぎる晩年を迎えつつある時代でもありました。

それでもなお、録音・複製技術発展の時代に彼が生きたことは幸運でした。グールドは、ウォーホルの四年後、一九三二年に生まれ、ウォーホルの五年前、一九八二年に亡くなりました。彼のデビュー盤（一九五六年）のジャケットは、彼の姿を撮った三〇枚のベタ焼き写真画像が縦横に配列されたデザインを用いていますが、三〇というのはゴルトベルク変奏曲の変奏の数にちなんでいます（グールド／コット 2010:19）。それはまた、ウォーホルの三二の「キャンベル・スープ缶」（一九六二年）をも思い起こさせます。グールドの時代はウォーホルの時代でもあったのです。この時代に生きたからこそグールドは、録音スタジオという「驚異の部屋」を享受できたのであり、そのおかげで私たちは今でも彼の演奏を繰り返し聞く喜びを味わえるのです。

第11章　マシンと夢——村上春樹のジグソー・パズル

村上春樹が描く孤独

現代小説でも孤独は一般的テーマであり、登場人物が孤独であるという設定はよく見受けられますが、孤独と言えばやはり村上春樹の小説を思い浮かべる読者は多いでしょう。

「ぼくは子供の頃からずっと一人で生きてきたようなものだった。家には両親とお姉さんがいたけど、誰のことも好きにはなれなかった。家族の誰とも気持ちが通じあわなかったんだ。」（村上 2001:294）

村上作品は海外でも多くの読者に受け入れられています。孤独と言っても社会や文化によって多様ですので、そう簡単には外国文学の描く孤独に共感できないはずなのですが、村上の描き出す孤独は例外的に世界中で共感をもって受け入れられました。このような特徴から、村上作品が自閉症的な人を描いているのではないかという論が立てられています（千野 2014:147）。自閉症が脳の機能障害に由来するのなら、時代や国境を越えて自閉症者は存在しているはずだからです。

確かに村上の初期作品には自閉症の印象も感じられなくもありませんが、これは必ずしも作者が自閉症的であることを意味しません。むしろ作者の感受性が、世の中の様相から一つの側面、村上の場合には図らずも、自閉症的世界を描き出してしまったように思われます。

例えば『1973年のピンボール』は、題名から示唆されるように、一九六〇～七〇年代日本社会の記憶の刻印が深い小説として理解されています。ですがここでは、同じく題名に含まれているピンボールという言葉に注目してみましょう。ピンボールは、何かのメタファーのようにも、あるいは、深い意味を担わない空虚な物のようにも思えます。人と人の関わりを描くべき小説の中で、本作の主人公は不思議なほどピンボール・マシンに執着します。また物語の後半では、何十台ものピンボール・マシンを所有しているコレクターも登場します。ここには、物との奇妙な関わりが描かれているようです。

ピンボールについての小説

通常は時代論として読みとられやすい『1973年のピンボール』ですが、小島基洋はこの作品をピンボールの小説として読み解きます。そもそも村上自身が「これはピンボールについての小説である」と明言しているのですから。物語の中で主人公の「僕」はピンボール・マシンに話しかけ、機械はそれに返答します。それはチューリング・テストにも似ています。マシンが人として扱われているのです。それとともに、小島によれば、登場人物である２０８と２０９の双子はピンボール台の二枚のフリッパーに対応していると言います（小島 2017:56）。

この小説ではまるで、機械と人間の間に根本的な違いはないかのようです。「僕」は「アパートの部屋全体が、その周辺地域までを含んで、ピンボール台と化している」ような「〈ピンボール幻想〉」に囚われています（小島 2017:58）。

世界をゲームとして捉え、物語自体をピンボールの作動と見なす視点は、ルイス・キャロルを思い起こさせます。キャロルは『鏡の国のアリス』冒頭にチェス棋譜を掲げ、登場人物がその棋譜通りに動いて物語を進めるという仕掛けを用意しました。そこでは、ゲームと小説という互いに別の世界同士が地続きの関係にあります。

「僕」がこのような〈ピンボール幻想〉を持つに至ったのは、直子という今は亡き女性が「まるで「不思議の国のアリス」に出てくるチェシャ猫のように」笑いだけを残して消えたからでした。直子の生まれ故郷は田舎にあり、うら寂しい駅を中心としたその風景がピンボール・マシンを幻視させます。例えば、駅を貫く単線の鉄道は、ゲームの最初にボールを打ち出す仕組みであるプランジャー（棒ピストン）に沿った真っ直ぐなレーンに相当します（小島 2017:61,62）。

物語の後半、主人公はピンボール・マシン蒐集家の倉庫を訪れます。

「恐しい数のピンボール台だ。七十八というのがその正確な数字だった。僕は時間をかけて何度もピンボール台を勘定してみた。七十八、間違いない。台は同じ向きに八列の縦隊を組み、倉庫のつきあたりの壁まで並んでいた。まるでチョークで床に線を引いて並べでもしたように、その列には一センチの狂いもない。アクリル樹脂の中で固められた蠅のようにあたりの全ては静止していた。」（村上 2004:158）

直線的な格子上に配置された機械群はSF的雰囲気を醸し出し、そこではもはや時は流れないかのようです。

「しかしピンボール・マシーンはあなたを何処にも連れて行きはしない。リプレイ（再試合）のランプを灯すだけだ。リプレイ、リプレイ、リプレイ……、まるでピンボール・ゲームそのものがある永劫性を目指しているようにさえ思える。」（村上 2004:30、小島 2017:80 も参照）

パチンコと違いピンボールには、ボールを入れるための穴がありません。ピンボール・マシンは「外界から隔てられた、完璧な独立空間」なのです（加藤編 1996:33）。機械的作動の魅力を追求するピンボール・マシンの歴史はマシン・エイジのアメリカで展開しました。さらに、コンピュータ・ゲーム史上、ピンボール型ゲームは重要な役割を果たしました。現在のソーシャル・ゲームと異なり、それは対戦相手を必要としません。それどころかプレイヤーはボールに触れることもありません。ゲームのすべてはパズルのように点数で表現され明快です。

ただしそれは、解くべきパズルが一種類だけに限られていればの話ですが。残念ながら、社会というゲームは、何種類ものジグソー・パズルが混じり合い、そもそもすべてのピースが揃っているかどうかすら分からないのです。

「異和感……。／そういった異和感を僕はしばしば感じる。断片が混じりあってしまった二種類のパズルを同時に組み立てているような気分だ。」（村上 2004:12）

この小説におけるピンボール・マシンの存在感は、キャロルとオルゴール、サティと傘、グールドと椅子の関係を思い起こさせます。『１９７３年のピンボール』は、他者との関係における困難と喪失に直面した主人公が、物たちとの関係を取り結ぼうとする小説なのかもしれません。

後年ですが村上は対談において、小説を書く体験を「ゲームのアナロジー」で語り、一人チェスのように、自分の中で対等の二人のプレイヤーが別々にプレイしていると言います。そしてグレン・グールドの「ゴルトベルク変奏曲」のすごさに言及します。村上によれば、他のピアニストの演奏が「右手と左手を調和させて考えて」いるのに対しグールドは、「左手は左手のことしか、右手は右手のことしか考えていない」にもかかわらず、結果的に見事な音楽が生み出されます（川上・村上 2019:128-129）。ピンボールの名プレイヤーの両手がそうであるように。

デタッチメントからコミットメントへ

ところが、ある時期から村上の姿勢は変わったように思われます。それは、村上自身の表現を用いるならば、他者と社会に対して距離を置く「デタッチメント」の姿勢から、他者と関わることを厭わない「コミットメント」への転換です。この転換には、『ねじまき鳥クロニクル』の時期に出会ったユング派分析家・河合隼雄との交流も無関係ではなさそうです。河合は、ル＝グウィンの『ゲド戦記』など物語の優れた読み手としても知られていました。

村上はインタビューの中で、小説を書くことの利点は「目覚めながら夢を見られる」ことにあるとして、ユングへの関心を示唆しています。村上自身がユングの著作を読むことはほとんどないのですが、「ある種の相似性」があると人から指摘されることがあり、「僕が物語という言葉を出したときに、それをいちばん正確に受けとめてくれるのは、やっぱり河合（隼雄）先生かなという気はするんですよ」と語っています（村上 2012b:26,116,222）。

このような親近感は多少なりとも作品内容に反映されているようです。自閉症的な世界から始まった村上の小説は次第にコミットメントへと傾いていくのですが、主人公の性格が急に変わってしまったわけではありません。たとえ登場人物の造形は自閉症的なままであっても、作品世界や物語の構造が平面的ではなく、夢の構造のように立体的に変貌していき、ピンボール台の平面を走るボールのような水平移動の反復ではなくなっていったのです。

夢と数学

夢と言えば『不思議の国のアリス』では、ノンセンスなキャラクターが住む「不思議の国」は実はアリスの夢であったかのようにも描かれています。一見すると、夢をノンセンスと結びつけるのは自然な連想のように思えますが、高山宏が高く評価するアリス論、エリザベス・シューエルの『ノンセンスの領域』（原著は一九五二年刊。邦訳は一九八〇年に初版刊行）では、キャロルのノンセンスについて次のように書かれています。

「ノンセンスの宇宙は、その部分部分の総和以上のものであってはならない。そこには混淆も総合もあってはならないし、でき上がった全体が夢の力を得て何か論理にとらえ切れない新しい意味あいを帯びてしまうことは許されない。」（シューエル 2012:181）

ルールから自由な夢と魔法の世界は、厳格なルールによって統御されるノンセンスの宇宙と質的に異なるとシューエルは強調します。ノンセンスはセンスの消滅ではなく、センスの徹底によって生まれるのです。もしもキャロルが自閉症的だったとする本論の主張が正しいとするならば、シューエルの言う「ノンセンスの宇宙」も自閉症的であると言えないでしょうか。「不思議の国」は厳格なルールに従う王国なのであって、決して夢と自由の国ではないのです。

ところが、ある時期以降の村上作品では、『アリス』とは異なり、自由な夢の世界が成立しているようです。現実と夢の関係は、表層と深層という縦方向の空間的奥行きによって描かれるようになります。村上はインタビューの中で、「人間の存在というのは二階建ての家」であり、この家には「特別な場所」として「地下室」さらに「地下二階」が備わっていて、それは頭だけでは理解できない「暗闇」なのだと指摘しています（村上 2012b:105,106）。各階は縦方向に「深い体験」として結びつけられていきます。

　ある自閉症者が語るエピソードによれば、この人は両親と同居していたのですが、両親は自宅の二階、自分は一階に住んでいたために「一緒に暮らしているとは思っていませんでした」とのことです(ニキ／藤家 2004:152,153)。この人にとっては一階と二階は別の場所なのだと思われます。つまり、一階と二階という二つの部分をまとめて自宅という全体をなしてはいなかったのではないでしょうか。確かに、字義通り厳密に考えれば、一階と二階に分かれて住むのは同居ではありません。一階に居れば二階の人はまったく見えないのですから。それが同居に思えてしまうのは、縦方向をまとめる錯覚的な力があればこそです。

　村上の『1Q84』の中に、物語や魔法について語る一節があります。

「数学は天吾に有効な逃避の手段を与えてくれた。数式の世界に逃げ込むことによって、現実というやっかいな檻を抜け出すことができた。(中略)／数学が壮麗な架空の建物であったのに対して、ディッケンズに代表される物語の世界は、天吾にとっては深い魔法の森のようなものだった。(中略)しかし思春期に足を踏み入れたあたりから、それ(数学—引用者注)だけでは足りないのではないかという気持ちが着々と膨らんでいった。(中略)物語の森では、どれだけものごとの関連性が明らかになったところで、明快な解答が与えられることはまずない。そこが数学との違いだ。」(村上 2012a:59-61)

　既述のようにキャロルはパズルや暗号を好み、『アリス』にはパズル的設定が登場します。『1Q84』でもパズルは登場しますが、その雰囲気はかなり違っています。

「家に帰って眠りにつき、夢を見た。久しぶりに見たくっきりとした夢だった。自分が巨大なパズルの中のひとつのちっぽけなピースになった夢だ。でも彼は固定されたピースではなく、刻々とかたちを変え続けるピースだった。だからどこの場所にもうまく収まらない。当然の話だ。」（村上 2012a:134）「天吾は言うなれば、揃っていないピースを渡されて、ジグソー・パズルを組み立てているようなものだ。知恵のある人間は最初からそんな面倒には関わり合いにならない。」（村上 2012a:299）

そして天吾は数学的パズルの世界よりも、夢と魔法と物語の世界を生き始めるのです。

ユング派と自閉症

ここで指摘したいのは、自閉症者に対してユング派心理療法が苦戦してきたという現実です。日本のユング派で発達障害者への心理療法を試みている専門家によれば、自閉症者の場合、夢や箱庭が深い意味を担うことが少ないために、少なくとも従来のユング派心理療法のままでは分析がうまくいかないと言うのです。例えば田中康裕は、ユング派心理療法家が自閉症的なクライアントと面接する際に感じる戸惑いを率直に記しています。「彼らの語りや言葉が自らの実感に根差しているとは思えず、（誤解を恐れずに書くと）こちらにどこか馬鹿馬鹿しいと思わないではいられない何かを感じさせることさえある」と（田中 2013:26）。

ここで田中は「馬鹿馬鹿しいと思わないではいられない何か」と記していますが、ノンセンス文学としての『アリス』の馬鹿馬鹿しさと通底していないでしょうか。自閉症者と面接する心理療法家は、「不思議の国」のキャラクターを前にしたアリスと似た戸惑いを感じてきたのかもしれません。河合俊雄は発達障害者へのユング派心理療法の可能性を模索していますが、彼によれば、発達障害者が箱庭療法を受ける場合、「子どもが毎回ミニカーを並べたりするように、毎回のようにほぼ変わらない箱庭を作るようなクライエントもいて、物語性を読み込んでいくのが難しいことが多い」と言います（河合 2013:10）。

それに比べ村上作品では、夢の世界や箱庭的な異世界がうまく成立しているように見えます。結果として心理療法家は村上作品を分析し、岩宮恵子『増補　思春期をめぐる冒険――心理療法と村上春樹の世界』や、河合俊雄『村上春樹の「物語」――夢テキストとして読み解く』のような論考が書かれてきました。

その一方で、当の河合俊雄はユング心理学の方法が村上の小説に通用しない面があることも示唆します。「二〇〇〇年代からは発達障害が増えて」きたためか「内省に乏しく、また主体性のない人」と向き合う機会が増え、「心理療法のパラダイムをゆるがすほどになっている」と言います。「葛藤、罪悪感、主体性などの近代意識の特徴を持っていないこのようなあり方は、村上春樹の作品の中から浮かび上がってくるポストモダンの意識の様相を呈している」のです。河合はここで村上作品に発達障害的要素があると明言はしませんが、そのようにも読めます。河合によれば村上作品では、「意味のない世界」の浮遊の中で「機械のような身体」を持つ人物が「デジタルな数字」を「歯止め」として利用しているのです（河合 2011:99,105）。グールドが「数字狂」だったのと同様に。

二つの箱庭

河合隼雄との対談で村上は箱庭に関心を示します（河合・村上 1999:124）。一見すると箱庭造りは、閉じた空間への自閉症者の愛好や、自閉症児がミニカーを隙間なく並べて楽しむのと似ているように見えますが、実は両者は対照的ではないでしょうか。自閉症ではない人（例えば神経症者）が造る箱庭を前にすると、そこに隠された意味や物語を読みとりたいという欲望が生じます。ところが、自閉症児が可視的秩序に従って整然と並べたミニカーの列に対しては、その種の欲望は起こりにくいのです。果たして村上の箱庭的世界は、発達障害者と神経症者どちらの箱庭と似ているのでしょうか。

物語と親和的なユング派が自閉症者を前にして困難を感じると聞けば、自閉症者は小説を読むのが苦手だという知見を思い起こします。キャラクターになりきるのが好きだとしても、キャラクターが活躍する物語の流れに対して関心を抱くとは限らないのです。

多くの人にとってパラパラ漫画は連続的な動きに見え、そこに物語を読みとります。しかしながら厳密に考えれば、パラパラ漫画は連続していません。コマとコマとの間には、アキレスと亀のパラドクスが横たわっているのです。四コマ漫画も、読み手側にそのような連続をつくりだす力がなければ、物語にはならずに四枚の絵に留まります。それは、証明写真機から出たばかりの人物写真シートのようなウォーホルの人物画にも似ています。

ですが、だからと言ってフィクションをすべて諦める必要はありません。従来の小説が自閉症者にとって共感しにくかったとすれば、根本的に新しい小説を書けばよいのですから。そのような可能性を秘めた作品として、村田沙耶香『コンビニ人間』を次に取り上げたいと思います。

第12章 コンビニ空間——村田沙耶香と「世界の部品」

マニエリスムからコンビニへ

既述のように、歴史上のマニエリスムは「驚異の部屋（ワンダールーム）」を生み出しました（高山 2016:243）。それは孤独さと物量の多さが結びつく場所でした。そもそも「驚異の部屋」は特権層だけが所有しうる空間でしたが、マニエリスムを時と場所を超えた常数として捉え直すなら、ワンダールームは別の時代に別の形で存在し続けているはずとも思えます。例えば、高山宏はワンダールームの系譜を論じるうちに、一九世紀半ばにヨーロッパで誕生した百貨店という魅惑の空間へと論を進めます（高山 2016:271）。そこでさらに、現代日本におけるワンダールームは何かを考えると、思い浮かぶのはコンビニエンスストアです。

コンビニでは最小の空間に最大量の商品が詰め込まれていながら、すべての商品は客の目に留まりやすいよう平面的に陳列されます。昔ながらの商店にありがちな、棚の奥に別種の商品が隠れているという遠近法は存在しません。互いに似ていながらも微妙に異なる商品が集められ、すべてが均等に、図鑑のように配置されるのです。そして絶えず商品は入れ替わり、そこに全体的な完成や完結はありません。あくまで個々の商品販売が目的なので、全体の秩序は事後的な副産物にすぎないのです。にもかかわらず、物も人もすべてはルールに従って運行され、秩序立っているように見えます。

『コンビニ人間』の空間

「なぜコンビニエンスストアでないといけないのか、普通の就職先ではだめなのか、私にもわからなかった。ただ、完璧なマニュアルがあって、「店員」になることはできても、マニュアルの外ではどうすれば普通の人間になれるのか、やはりさっぱりわからないままなのだった。」（村田 2018:26）

これは、コンビニを舞台とした小説、村田沙耶香『コンビニ人間』の一節です。この作品については、主人公の人物造形が自閉症的ではないかという指摘がなされています。以下、その視点で『コンビニ人間』を読んでみます。

三六歳の主人公・古倉恵子は、大学一年の時から一八年間、同じコンビニでアルバイトを続けています。恵子は「頭はほとんど使わず、私の中に染《し》みこんでいるルールが肉体に指示を出している」という働き方が自分に合っていると思っています（村田 2018:8）。正社員ではなくアルバイトという点も示唆的です。正社員の仕事は多義的で、状況や文脈に応じて臨機応変に仕事内容や対人的態度を変えねばなりませんが、アルバイトは良くも悪くも一義的な仕事が中心です。恵子にとっては、アルバイトの方が長く続けられる仕事のやり方だったのですが、ではなぜ一八年間かというと、そのコンビニが一八年前に開店したからです。つまり恵子はオープニングスタッフでした。

「オープンする前、自分がこの店を見つけたときのことは、よく覚えている。（中略）／まるでゴーストタウンのような、ビルだけの世界。日曜の昼間、街には私以外誰の気配もなかった。／異世界に紛《まぎ》れ込んでしまったような感覚に襲われ、私は早足で地下鉄の駅を探して歩いた。やっと地下鉄の標識を見つけてほっと走り寄った先で、真っ白なオフィスビルの一階が透明の水槽のようになっているのを発見した。」（村田 2018:18-19）

「何も載っていない白い棚《たな》」だけが並ぶ「がらんどうの場所」が、後に恵子が働くことになるコンビニの開店前の姿でした（村田 2018:19）。恵子にとってコンビニ仕事は、目に見える手本を模倣して習得できる点が合っていたようです。

「私はバックルームで見せられた見本のビデオや、トレーナーの見せてくれるお手本の真似をするのが得意だった。今まで、誰も私に、「これが普通の表情で、声の出し方だよ」と教えてくれたことはなかった。」（村田 2018:20）

自閉症者の中には物まね上手な人がいます。既述のようにグレン・グールドは、他者の気持ちを読みとるのが難しい一方で、物まね名人でした（竹中 2016b:113）。これは、自閉症者についての一般的イメージとは違うかもしれません。なぜなら、自閉症者は他者に無関心だから物まねをしたがらないだろうと思われがちだからです。ですが、外見の模倣と内面の把握とは別物です。外見は目に見えますが、内面は目に見えません。外国語をうまく発音できたからといって、その意味や使い回しをよく理解しているとは限りません。むしろ、言葉の意味を知らない小さな子どもの方が外国語の発音を見事に模倣できます。同じような関係が自閉症者の物まねには見受けられるように思います。

自閉症児は、ごっこ遊びが苦手な一方で、なりきり遊びを好むと言われます。ごっこ遊びをするためには、他の子との相互行為、そして役割の補完や交代が必須です。他方、アニメのキャラクターになりきるのは、必ずしも他者との相互行為や役割交代を必要としません。それよりもコスチュームやアイテムの模倣が視覚的に完璧かどうか、自分の言動が精確にキャラクター化しているどうかの方が重要です。

ですが、なりきり遊びに向かない対象もあります。それは普通という状態です。普通には視覚的特徴がありません。実際、自閉症療育においては、普通をいかにして教えるかがなかなかの難題です。「普通のやり方でいいよ」と言われても自閉症者は困ってしまうのです。

「今の「私」を形成しているのはほとんど私のそばにいる人たちだ。三割は泉さん、三割は菅原さん、二割は店長、残りは半年前に辞めた佐々木さんや一年前までリーダーだった岡崎くんのような、過去のほかの人たちから吸収したもので構成されている。／特に喋り方に関しては身近な人のものが伝染していて、今は泉さんと菅原さんをミックスさせたものが私の喋り方になっている。」（村田 2018:30-

31）

この一節を読んで奇妙に感じるのは、「私」の構成要素がすべて他者だという点です。誰でも他者から影響を受けますし、自分の何割かは他者でできているでしょう。ですが恵子の場合、他者を合算すればそれだけで一〇割です。アルチンボルドの肖像画は、すべてのピースが顔とは無縁の物でありながら、それらが合計されて一つの顔ができあがります。恵子のできあがり方もそれに似ています。

諸部分は寄せ集まって全体をつくりあげますが、できあがった全体は、部分の総和以上の創発的全体ではありません。できあがった顔はやはり野菜の集まりにすぎません。恵子を形成しているのは、目に見える具体的な〇〇さんたちだけです。そこには、憧れの対象となる理想の人物というような抽象的イメージは含まれていないのです。

ある自閉症者は、世間というものが具体的に誰と誰のことなのかと不思議に思うと語ります（ニキ／藤家 2004:140）。世間は個人とは違い、目に見えません。そして、この人にとって見えないものは存在しません。同様に、恵子にとって存在するのはあくまで「私のそばにいる人たち」なのです。

影響を受けること／同じであること

自閉症者は他者からの影響をストレートに受けやすい、つまり「被影響性」が高いと言われます（内海 2015:142）。言い方を変えれば、「身近な人のものが伝染」することがあります。

恵子は同じ三〇代女性の泉さんのファッションを取り入れようとします。そのために「履いている靴の名前やロッカーの中のコートのタグを見て参考に」します。「一度だけ、バックルームに置きっぱなしになっていたポーチの中を覗き、化粧品の名前とブランドもメモした」ことがあります（村田 2018:31）。社会的ルールから見てこれは明らかに不適切です。ですがその不適切さに恵子は気づきません。それどころか、自分では十分慎重に振る舞っているつもりです。

「それをそのまま真似してはすぐにバレてしまうので、ブランド名で検索し、そこの服を着ている人がブログで紹介したり、どちらのストールを買おうかな、と名前をあげている他のブランドを着ることにしている。」（村田 2018:31-32）

恵子は、そのまま真似することは避けようと慎重に気を遣うにもかかわらず、置きっ放しのポーチの内部と外部の間に目に見えない境界線が引かれていることには思い至らず、ポーチの中身を見てしまうことが重大な越境行為だと思っていません。では、なぜ恵子はここまでするのでしょうか。それは、「泉さんの服装や持っている小物、髪形などを見ていると、それが正しい三十代女性の見本のように思えてくる」からです（村田 2018:32）。つまり恵子は、具体的な特定の個人の外見を取り入れることで、自らの普通をつくりあげようとします。これは、ごっこ遊びよりは、なりきり遊びに近い振る舞いではないでしょうか。

このように他者の影響を被りやすいのならば、自分自身が同一であり続けるためには絶えざる努力が必要です。この小説の随所に、不安定な同一性をめぐる表現がちりばめられています。

例えば恵子は、皆がコンビニの制服を脱ぐ様子を「他の生き物に着替えているよう」に感じるのですが、普通は、外見が変わっても中身は変わらないという同一性維持の方に注目するでしょう。服装が変わっても中身が首尾一貫して変わらないのが、近代小説における登場人物の内面です。ですが恵子にとっては、服を着替えると「他の生き物」のように見えるのです（村田 2018:21）。

他方、一八年の間に店長は何人も替わってきたのですが、恵子にはそれが「全員合わせて一匹の生き物である」ようにも感じます（村田 2018:46）。確かに中身ではなく外見という点に着目すれば、みな同じ制服と同じ店長名札をつけていたわけです。『アリス』のハンプティ・ダンプティならそう感じることでしょう。以前は制服を着る職業は多かったですが、近年は減少気味です。その中でコンビニは今でも制服が幅を利かす職場の一つだということは示唆的です。

恵子は自分一人だけが今も同じ職場に残っていることに感慨を抱きます。その際に「店の商品だって、あの日の物は一つも残っていない」と付け加えます（村田 2018:25）。懐旧の情は誰にもありますが、一八年前の商品が一つも残っていないという指摘は、普通の感慨とは言いにくいでしょう。また、商品棚にある物と自分たち人間を横並びにして比較するのも特徴的です。

長年の常連客が店内を見回して「ここは変わらないわねえ」とつぶやいたのに対して恵子は最初、「オープンした当初のものはもうほとんど店にない」はずなのにと訝しく思います。ですがその直後に、「変わらない」という常連客の言葉には別の意味があるのかもしれないと考え直すのです（村田 2018:57-58）。文字通りに考えれば、常連客の言葉は間違っています。当然、変わらないはずはありません。ですが定型発達者にとっては、「変わらないわねえ」が〈正しい〉感想なのです。２０８と２０９は、字義通り考えればまったく違うので、数学の計算やパスワード入力で、２０８の代わりに２０９を使うわけにはいきません。ですが、ネット上ではない日常生活の実践では、二つの数字はほぼ同じであり、双子なのです。

「けれど、私は確かにあの日と同じ光景を繰り返している。あれから６６０７回、私たちは同じ朝を迎えている。／ビニール袋の中に、そっと卵を入れる。昨日売ったのと同じ、けれど違う卵を入れる。「お客様」は、昨日入れたのと同じビニールに同じ箸を入れて同じ小銭を受け取って、同じ朝を微笑んでいる。」（村田 2018:77）

ここで恵子は回数を正確に数えています。他の箇所でも、「あれから15万７８００時間が経過した。」という表現が見受けられます（村田 2018:25）。エリック・サティは「音楽家の一日」の冒頭でこう記しています。

「芸術家は規則正しい生活を送らなくてはならない。／これは私の日常生活の行動を正確に記した時間表《タイム・テーブル》（日課）である。／起床—午前7時18分。／インスピレーションの湧くとき—10時23分から11時47分まで。私は12時11分に昼食をとり、12時14分に食卓を離れる。」（サティ 2014:102）

サティの時間表は以下延々と続くのですが、私たちがこの数字の扱い方に違和感を感じるのは、正確すぎるからです。「６６０７回」ではなく「６０００回ぐらい」「15万７８００時間」ではなく「20年近く」であれば、違和感はないでしょう。つまり、諸部分を部分の集まりのままで提示するのではなく、大まかな全体として示した方が定型発達者にとっては馴染みやすいのです。しかし、全体で捉える数え方は、自閉症者にとっては必ずしも快適ではないようです。

一〇年後の三月一日が何曜日かを言い当てるのは一般的には難問です。これは「カレンダー記憶」と呼ばれますが、それが得意な自閉症者がいます。よく考えてみれば、「カレンダー記憶」は難問というよりも、詳細な計算が面倒だと感じる人が多いため、忌避されるだけなのです。なぜ面倒かと言えば、カレンダー記憶は、全体で捉えるやり方の対極だからです。カレンダー記憶問題への解答は、月曜から日曜まで七種類しかありません。ですが、何曜日になるかは日付が一日違うだけで異なるので、大まかな捉え方には向きません。端数が一か二かの違いが重要なのです。というわけで、厳密な計算を面倒と思わない人にとってカレンダー記憶はさして難問ではありません。厳密な計算によって隣人の明日の気分を予想するのは難しいですが、こちらは一年後でも百万年後でも一義的な解答が出るやさしい問題なのです。

世界の部品になる

自閉症者は全体よりも部分に目が向くという点は何度も取り上げてきました。この姿勢は、個々の事物を、世界全体との有機的なつながりで捉えるのでもなく、かといって単独に捉えるのでもなく、あえて言えば、世界にとっての部品として捉える見方へとつながります。

「そのとき、私は、初めて、世界の部品になることができたのだった。私は、今、自分が生まれたと思った。世界の正常な部品としての私が、この日、確かに誕生したのだった。」（村田 2018:25）

部品という表現が奇妙に聞こえてしまうのは、そこで想定される全体が有機体ではなく機械だからです。普通、人間を含めた生物に対して部品という表現は使いません。機械の部品は全体と緊密な関係にはなく、取り替え可能ですが、生物の器官は取り替え不可能です。アルチンボルドの絵では、個々の野菜や魚が人物の顔のいわば部品の役割を果たしているために、奇想の印象を受けてしまうのです。その一つの野菜を別の野菜に取り替えることはいかにもできそうです。

コンビニ勤務によって恵子は、世界という名のジグソー・パズルのピースになれたと感じます。世界のピースとなるために重要なのは、隣接するピースとぴったり合うかどうかです。個々のピースが隣りのピースとの関係でうまく行っていれば、結果的にジグソー・パズルという世界全体が適切に成立していると見なせます。つまり、個々のピースはパズル全体の空気を読む必要はないのです。

「私の身体の殆《ほとん》どが、このコンビニの食料でできているのだと思うと、自分が、雑貨の棚やコーヒーマシーンと同じ、この店の一部であるかのように感じられる。」（村田 2018:28）

恵子にとって、コンビニにおける自分は、雑貨の棚やコーヒーマシーンと横並びになっています。自分とコーヒーマシーンとは、互いに隣り合う相性のよい二つのピースなのです。

ここに、複数の人物が写った写真があるとしましょう。一枚の写真の中に収まっているだけで、写っている人たちの間の親密な関係性を想像しがちです。人と人が同じ空間にいるというのは、単に隣り合っているというだけではなく、特別なことだと私たちは判断します。そこには、目に見えない全体が醸し出されており、そういう写真をハート型に切り抜いたりするのは、目に見えない全体を可視化する試みの一つです。だからこそ、記念写真を撮る際には、見知らぬ人が画面の隅に写り込まないように十分注意するわけです。

別の例を挙げれば、AさんとBさんが同じ部屋に住んでいれば、大抵の人はその同居状態から、A・B各人には還元できない全体、つまり二人の親密性を読みとろうとします。実際、コンビニ店員たちにとって、恵子が誰と同居しているかは関心の的です。ところが恵子にとって同居は、同じ場所に住んでいるという文字通り以上の意味を持ちません。それゆえ、コンビニの同僚たちが恵子の同居人を詮索するのは、彼女にとって不可解でしかありません。

コンビニという可視的な全体は、店長が代わっても維持されます。とあるビルの「透明の水槽」空間の恒常性がそれを保証してくれます。全体を維持するためのマニュアルは可視化されていて、誰にとっても明確です。それに比べれば、誰かとの同居という全体は、二人の個人の意志だけからできあがっているため、片方の気が変わるだけで簡単に解消してしまいます。そこには建築物のような恒常性はありません。厳密に考えれば同居とは、きわめて不安定な全体にすぎないのですが、それに大きな価値を与えているのが私たちの社会です。

アキレスと亀は同居しているか

同居の問題は、キャロルが関心を抱いたアキレスと亀のパラドクスにも通じています。数直線上で後から走るアキレスが、先を走る亀に追いつけるかという問いは、同じ地点にアキレスと亀が同居できるかという問いでもあります。アキレスが亀に限りなく近づくことと、アキレスと亀が同一地点にいることとは一見すると同じに思えます。ですが本当にそうでしょうか。二つの点が近づいて最後に重なる時、2は1になるのでしょうか。

細井勉は数学者の目から見て、キャロルの『シルヴィとブルーノ』には面白い箇所があると言います。細井が挙げるのは次の一節です。

「「ねえ、おじさん。」ブルーノが考えながらいった。「シルヴィは数えることができないってこと、知っていた？　彼女は『私は1ついっておかなければならない。』っていいながら、いつでも、2ついうんだよ。」」（細井 2004:26）

この一節は「数学的にみると、幾何についてのぼやきにも聞こえる」と細井は言います。「たとえば、円と直線が交わるとき、2点が共有されます。その直線を動かしていき、ちょうど接線となったとき、共有点は1点となります。その場合でも、数学では、2点だと思うことがあります」（細井 2004:26）。

日常生活では、二つの点が同じ地点にあれば、それを実質的に一点と見なします。二つの点は同居して一点となるのです。人文科学系の用語で「共食」という言葉があります。それは文字通り、複数の人々が一緒に食事を摂ることですが、それだけではなく、同じ空間で同じ時間に同じ物を食べることによって、目に見えない神聖さを共有する状態だと社会的には考えられます。つまり、2が2のままに留まるのではなく、新たに創発的な1となるわけです。

ところが恵子の場合、このような創発的な1を感じ取りにくいようです。恵子は、ひょんなことから男性と同居するようになったのですが、「この人」の義妹が突然アパートを訪れ、恵子に詰問する場面があります。

「「あなたが、今、この人と一緒に暮らしている方ですか?」／「はあ、そうですね」」(村田 2018:134)

男性の義妹にとってこの問答は決定的意味を持ちますが、恵子にとっては「一緒に暮らしている」ことは文字通りの意味しかありません。同じ地点にいようとも、アキレスはアキレス、亀は亀なのです。

「この狭い部屋の中に一緒にいるのに、昼間の食事時に顔を合わせるのは久しぶりだった。」(村田 2018:151-152)

恵子は悪意なく同居男性や自分の食事を「餌」と呼びます。そこには、共食という社会的次元は存在しません。「餌」について恵子はこう説明します。

「「大根と、もやしと、じゃがいもと、お米です」」(村田 2018:111)

「「今日も茹でた野菜ですか?」／「ああ、そうです。今日はもやしと鶏肉とキャベツに火を通してま

す」（村田 2018:122）

コンビニの棚のように個々の食材は横並びにされていますが、それら食材から、共食のための料理という創発的全体は生み出されません。それはまるで、アルチンボルドの絵が様々な野菜や魚で構成されていること、にもかかわらず、肖像としてのまとまりが今にも個々の食材へと解体しかねないことを思わせます。つまりはマニエリスム的なのです。

高橋康也は『ノンセンス大全』の中で、キャロルの「言葉遊びの狂おしい純粋さ」には「野菜その他の植物で作り上げたアルチンボルドの人物画や、ダリなどのシュルレアリスムの絵画に見られる《だまし絵》の言語版といった趣き」があると記しています（高橋 1977:125,126）。食材を列挙する恵子の言い方も一種の寄せ絵あるいはだまし絵のようです。

さらに恵子は全体と部分の関係を表すために、機械の部品として作動する歯車のイメージを用います。

「清潔な水槽の中で、機械仕掛けのように、今もお店は動いている。その光景を思い浮かべていると、店内の音が鼓膜の内側に蘇ってきて、安心して眠りにつくことができる。／朝になれば、また私は店員になり、世界の歯車になれる。そのことだけが、私を正常な人間にしているのだった。」（村田 2018:27）

キャロルはオルゴールを蒐集していましたが、恵子にとってコンビニの清潔な空間は、精妙な歯車の組み合わせによって同じ曲を繰り返すオルゴール箱だったのでしょうか。個々の歯車が知っているのは隣りの歯車との噛み合わせだけです。隣りとの関係さえ確固としていれば、世界の中での自己は安泰なのですが、歯車としての自分が隣りの歯車と嚙み合わなくなる時、世界は根底的に揺らぎ出します。

恵子にとって歯車が嚙み合うとは、ルールが厳密に守られることです。コンビニにはルールがあり、文脈の如何にかかわらず常に守られるべきだと恵子は考えます。

「携帯をバイト中に持ち歩かないのは、基本的なルールだ。何でそんな簡単なことを破ってしまうのか私には理解できなかった。」(村田 2018:67)

「「ねえ、指示をくれればわたしはどうだっていいんだよ。ちゃんと的確に教えてよ」」(村田 2018:131)

ところが、他の店員たちはルール厳守どころか、仲間の誰かの人間関係に関心が向くと、ルールを守らず、物事の優先順位を簡単に変えてしまいます。例えば、恵子のアパートに男性が同居していることを知った同僚たちの反応は、恵子の想像を超えるものでした。驚いた恵子は反論します。別にその男性と付き合っているわけではなく、彼が家にいるというだけだと(村田 2018:118)。字義通りに考えれば、確かに二人は同じ空間にいるだけです。ですが同僚たちにとってそんな説明は説得力を持ちません。他方、恵子にとっては、「いつも130円のからあげ棒が110円のセールになるということ」の方が遥かに重要なのです(村田 2018:119)。

恵子は、同僚たちや店長が、自分たちの共通目標つまり、からあげ棒の売り上げ一〇〇本を達成するという可視的な数値目標をお座なりにしたまま、彼女と男性の同居に心を奪われている様子を理解できませんでした(村田 2018:120)。恵子にとって世界は、明確なルールと目標によってできあがっているべきなのです。

世界の「機能不全」

恵子の実の妹は恵子と男性の同居を知り、驚いてアパートへ押しかけます。ところが妹は、姉と男性との同居を「この上なくうれしそう」に叱ります。その様子を見て恵子は次のように解釈します。
「そうか。叱るのは、「こちら側」の人間だと思っているからなんだ。だから何も問題は起きていないのに「あちら側」にいる姉より、問題だらけでも「こちら側」に姉がいるほうが、妹はずっと嬉しいのだ。そのほうがずっと妹にとって理解可能な、正常な世界なのだ。」（村田 2018:133）
妹にとって、異性と付き合いたいと望むのが「こちら側」の人間であり、一人でいいと思うのが「あちら側」の人間です。それが妹たちにとっての「世界」です。
「「世界」というものが何なのか、私にはだんだんわからなくなってきていた。架空のものであるような気すらする。」（村田 2018:89）
確かに世界を見た人はいません。「見えないものは、ない」（ニキ／藤家 2004:198）という立場をとるならば、世界は架空の何かにすぎません。ところが妹たちは世界の実在を疑っていないようです。それに対して、世界が分からない恵子は、ルールに則ったコンビニでの仕事を通じて「世界の歯車」としての自分を維持しようとしてきました。

本作にはもう一人、世界について語る人物がいます。恵子にとってアルバイトの後輩であり、理解し難い暴言と振る舞いのせいでクビになった後、恵子の部屋に同居することになる男性・白羽です。白羽は、彼を受け入れようとしない世界を嫌い、八つ当たりじみた批判を繰り返し、縄文時代から続く世界のあり方まで非難します。彼の敵は世界それ自体です。そんな白羽に対して少しでも耳を傾けるのは恵子だけでした。

「「僕に言わせれば、ここは機能不全世界なんだ。世界が不完全なせいで、僕は不当な扱いを受けている」／そうなのかもしれないと思ったし、完全に機能している世界というものがどういうものなのか、想像できないとも思った。」（村田 2018:88-89）

「機能不全世界」とは、意味の機能不全いわばノンセンスの領域です。白羽が恵子と同居するのは、恵子との関わりに期待したからでなく、彼自身が「機能不全世界」の脅威から逃れるシェルターとして彼女を利用しているだけです。

コンビニは現代日本社会の縮図であり、様々な問題を集約的に示してくれる場所なので、コンビニが小説の舞台になるのは珍しくありません。ですが、『コンビニ人間』でのコンビニは、小説の舞台としてのホテルや居酒屋のような、浮き世の人々の偶発的な出逢いの場所というよりは、不変のルールに支配された機械仕掛け空間なのです。コンビニでは一八年間、時が流れないかのように営みが反復され続けます。村上春樹のピンボール・マシンのように。皮肉にも、白羽のような人物が登場して主人公と同居し始めることでようやく、物語の時間が流れ始めるのでした。

恵子に限らず、コンビニは良くも悪くも、現代日本の日常とりわけ一人暮らしの日常にとって不可欠の場所となりました。これまで取り上げてきた人物の多くも一人暮らしだったのですが、次章では、そこを出発点にしましょう。

第13章 「おひとりさま」の可能性——上野千鶴子の「離脱の戦略」

「離脱の戦略」

デパートでもスーパーマーケットでもなく、コンビニこそが「おひとりさま」生活の拠点です。かつては一人暮らしと言えば若者でしたが、現在では高齢者の一人暮らしが存在感を高めつつあります。二〇〇七年に刊行された上野千鶴子の著書『おひとりさまの老後』は広く関心と共感を呼びました。上野の「おひとりさま」論の先駆は『ミッドナイト・コール』所収のエッセイに見出せます。そこで上野は、社会と積極的に関わるための「参加の戦略」があるのならば、「世を出る」ための「離脱の戦略」もあっていいはずだと主張します（上野 1993:86）。一人で生きることを何かの欠如状態として自明視する社会の視野の狭さを批判したのです。このエッセイは一九八九年に四〇代の上野によって書かれましたが、「離脱の戦略」は後に形を変えて『おひとりさまの老後』へと結実しました。

「離脱の戦略」は自閉症者にも必要ではないでしょうか。「社会的排除」がこの社会に存在する以上、それへの抵抗が必要ですが、抵抗の仕方としてまず思いつくのは、排除の逆である「包摂」です。排除に対して、誰かとともにあることで対抗しようというわけです。ですが、こと自閉症者に関する限り、シンプルな「社会的包摂」が有効な対抗策になるとは限りません。ある自閉症者は次のように書いています。

「社会に包含（=inclusion）されることはよいことです。その反対の「排除」（=exclusion）は強制的に、自分の意思に反して他の人たちから分離される「社会からの追放者」になりますから、よくないことです。しかし、社会との関係には両面があります。人にはそれぞれのパーソナルスペースと時間が必要だと周囲の人が理解することは、その人たちを排除することではありません。」（ローソン 2011:110）

排除か包摂かの単純すぎる二元論を一旦棚上げにしようとするこの見解は、上野の「離脱の戦略」と相通じる面があるようです。排除でも包摂でもない離脱という選択肢を視野に入れる「おひとりさま」論について、自閉症論との関わりから見ていきます。

当事者主権と孤独

上野の「おひとりさま」論の特徴の一つは、空間への注目です。上野によれば、「家に帰りたい」というのは必ずしも「家族といっしょに暮らしたい」ことを意味しません。むしろ「自分の住んでいるすべての空間をひとり占めできる」ことが高齢者の希望ではないでしょうか（上野 2011:50,51）。だとすれば、高齢者の一人暮らしをかわいそうと考えるのは見当違いです。一人暮らしを孤独と無条件に結びつけがちな従来の発想では、不十分なのです。

重要なのは、一人で暮らすか／家族と暮らすかの二択ではなく、自らの意志で暮らしを選択できるか／否かの二択です。自己決定権がなければ、家族と一緒でも孤独であるのに変わりはありません。そして上野自身は施設生活について、「個室か雑居部屋か。自由に選べるとすれば（これが問題だ！）、わたしなら個室を選ぶ」と言います（上野 2011:87）。

上野はこのような立場を「当事者主権」という用語で説明します。それは「社会的弱者が弱者のまま、強者にならなくても「自分の答」を尊重される」権利です（上野 2011:275）。この立場は、老後の生活だけでなく死についても当てはまります。「おひとりさま」を孤独と同一視するのがおかしいのならば、「在宅ひとり死」を「孤独死」と同一視するのもおかしいはずです。生と同様に死も常に社会制度の中にあります。上野は次のように疑問を投げかけます。「死の瞬間にだれかがそばにいることは、死にゆくひとにとってそんなに大事なことだろうか」と（上野 2011:243）。

孤独に関する従来の常識から自由になるためには、もちろん社会の変化が重要ですが、社会の遅々たる変化を悠長に待っていられないのも事実です。そこでやむをえず「おひとりさま」の側にも「自助努力」が必要となってきます。

既存の社会がうまく機能していないならば、自ら道を切り開くべきです。その意味で上野の本は

「団塊の世代以上の高齢者のために書いた、いわば自助努力のための本」です（上野 2011:275）。それは現状報告というより、「先進事例を選別したパイロット・サーベイ」として読まれるべきなのです（上野・小熊 2011:39）。

「おひとりさま」は「新しいことに挑戦しつづける人生」を送る可能性を持っています（上野 2011:264）。絶えざる挑戦によってこそ、漠然とした死の不安は解消されるでしょう。「自分がこの世に存在した、ということは、他人が覚えていてくれる。その他人が、ひとり、ふたりと亡くなれば、自分がこの世に存在した痕跡も少しずつはがれおちてゆく。それでいいではないか」（上野 2011:240）。

これはもはや孤独とは言えないでしょう。シングルと孤独は同じではありません。シングルに対する視点を相対化し豊かにするために、上野は社会的・歴史的背景に目を向けます。少し前までの日本は決して皆婚社会ではありませんでした。ところが、近代化のある時期以降、結婚が当たり前という考えが広まり、実際の社会もそうなっていきました（上野 2012a:111,112）。ですが現在、結婚観は急速な変化の最中にあり、シングルの意味合いは変化しつつあります。歴史を知ることによってようやく、自分たちが時代の常識に搦めとられてきたことに気づくのです。

ただし、自助努力の立場からは厳しい発言も出てきます。「「さみしい老後」は、家族依存度が高く、家族以外の人間関係を築いてこなかった人たちの「自己責任」とも言えよう。おひとりさまのキャリアたちは、ひとり暮らしのノウハウを蓄積してきている。そのなかには、家族以外の多様な人間関係のネットワークがある」と（上野 2012a:147）。家族一緒か、さもなければシングルか、というような単純な二項対立から私たちは離脱しなければならないのです。

ゆるやかなつながり

上野の「おひとりさま」論から学ぶべきは、一人であることをネガティブな制約としてではなくニュートラルな一条件として捉える視点、そして、家族という制度を無条件に当てにしない姿勢です。上野は「人持ち」の重要性を強調しますが、これは必ずしも従来型の友達の勧めではありません。「老後のおひとりさまを支えてくれるのは、「このひとイノチ」という運命的な関係よりは、日々の暮らしを豊かにしてくれるゆるやかな友人のネットワーク」であり、「内面の共有などなくてもつながれるのがユル友」なのです（上野 2012b:189,191）。

一見突き放したようなこの友人観に対しては違和感を抱く向きもあるでしょう。しかしむしろ、このクールな観点には自閉症論との接続可能性があるようです。なぜなら自閉症者にとっては、「内面の共有」による濃密な人間関係は下手をすると生きづらさを生み出しかねないわけで、クールな観点の方が快適だろうからです。米田衆介によれば、「大半のアスペルガー者」にとっては、「他者の感情的な同調や共感」は「生きる目的と言えるほどの重要性」を担っていません。したがって極端な場合、「プレゼントをもらったが、自分にはまったく不要の物なので頭に来た」という人もいるわけです。むしろ「中途半端に他者の同調や共感を求めるアスペルガー者」の方が、定型発達者との関係で不要な孤立感を深めてしまう場合があると言います（米田 2011:111,112）。

泉流星は、自閉症者である妻の日常を豊かにしてくれる様々な職種・立場の人々を「異星人《エイリアン》サポートチーム」と呼びますが、それらの人々は「横のつながりはなくて、お互いのことを知らない人がほとんど」だと言います（泉 2008:132,133）。日々の暮らしのためには「ゆるやかな友人のネットワーク」こそが重要であり、おひとりさまにも自閉症者にも、「内面の共有などなくてもつながれる」ような「おひとり力」が必要とされています。

上野によれば、「おひとり力」を持つ男性は多くないのですが、その中で「男おひとりさまの決定版」として挙げられるのが『森の生活』の著者ヘンリー・デイヴィッド・ソローです（上野 2012b:126,210）。ところがソローは、自閉症的傾向があったと推測される歴史人物の一人でもあります（ブラウン 2013:73）。これは偶然の一致でしょうか。「おひとりさま」論がまずは女性について構想されたことは、『コンビニ人間』の主人公が女性であるのと合わせて興味深い点です。

自分だけの空間

「おひとりさま」論には他にも、自閉症論と関わるテーマを見出せます。上野は「孤独死」とは異なる「在宅ひとり死」という考え方を提唱しますが、その実現のための条件として、「「わしゃ、ここを動かん」という意志」や、生活を変えない頑固さを挙げています（上野他 2014:109,134）。通常、頑固さは否定的に見られがちですが、ここでは頑固さの肯定的側面が論じられています。

上野は施設のあり方としてユニットケアを支持しますが、その背景にあるのは、空間に馴染む身体感覚の頑固さの問題です（上野 2011:85）。子ども時代からずっと個室に慣れた生活を送ってきた現代日本の人々は、そう簡単に集団生活に馴染めはしないので、ユニットケアの方が現実的だと言うのです。

ところで自閉症者は、環境が予想外に変化したり、空間の境界が曖昧であることに対して強い抵抗を示すことが知られています。泉によれば、「自閉系の人」にとって「個人的な空間」は、「あったらいい」程度ではなく「どうしても必要」なものです（泉 2008:181,182）。先述のＴＥＡＣＣＨプログラムでは「構造化」のために、視覚的に明確な空間分割が活用されます。これはユニットケアの発想と似ていないでしょうか。

当事者主権への言及からも分かるように「おひとりさま」論は当事者研究と関わりが深く、団塊世代に属する上野自身による当事者研究とも言えます（上野 2012a:74）。『おひとりさまの老後』刊行の翌年には、有名な『発達障害当事者研究』が刊行されています（綾屋・熊谷 2008）。つまり「おひとりさま」論の登場は、発達障害の当事者研究登場と相前後していたわけです。

パーティションの諸相

以前はワンフロアのオープンスペースを当然としてきた日本の会社オフィスでも近年、個人スペースとしてのパーティションの活用は少なくありません。また、「おひとりさま」ビジネスの一環として、食堂でもパーティションが用いられるようになってきました。この点では、カラオケの歴史が示唆的です。カラオケ初期の時代にはオープンスペースが用いられていましたが、やがて、一組の客で空間を占有するカラオケボックスが登場し、さらには「ひとりカラオケ」へと進化していきました。「ひとりカラオケ」において遂に、空気を読むステージ・マナーを気にする必要はなくなりました。これはカラオケ・ユーザーにとっての「コンサート・ドロップアウト」でした。

ある人々から見ればパーティションは、人と人の間を遮る障壁であり、いつかは克服すべき必要悪なのかもしれません。ですが、それでもやはり必要とする人がおり、必要とされる場面があるのを忘れてはならないでしょう。VR（疑似現実）やAR（拡張現実）のようなテクノロジーもまた、パーティションの未来形なのかもしれません。かつて、歴史上の「驚異の部屋」が〈新大陸発見〉や技術進歩とともに誕生したのと同様に、現在、仮想空間の随所に新たな「驚異の部屋」が誕生しつつあるようです。既に、自閉症者の生活との関連で、ネット上のアバターの可能性についての注目がなされています（池上 2017）。

おひとりさまのこれから

自閉症者の中には、混沌とした外界からの感覚刺激の脅威に曝され、その苦境から逃れるために閉じざるをえない人々がいます。したがって、もしも脅威的ではない環境が実現すれば、つまり環境や社会の側が変われば、いつかは閉じる必要はなくなるのかもしれません。

当然ながら自閉症者も年齢を重ねます。二〇世紀半ば頃、自閉症はまず子どもたちに見出されましたが、半世紀を経て、かつての子どもは老境に入りつつあります。つまり自閉症は、子どもの問題から成人の問題へ、さらに老人の問題へと広がりつつあります。

自閉症への注目が高まった時代は、社会のＩＴ化が進展した時代でもありましたが、上野の「おひとりさま」論が受け入れられた時代でもあります。社会の大きな流れの中で、ＩＴ社会論・自閉症論・「おひとりさま」論という相異なる支流が並行して流れている様子を私たちは今、目にしているのではないでしょうか（竹中 2016a、竹中 2017）。

第14章　ゲームと機械——榎宮祐のライトノベル異世界

チェス盤上の世界——『ノーゲーム・ノーライフ』

以下で扱う二つの小説は、ライトノベルという若者向けジャンルの作品です。ライトノベル（略称ラノベ）は、ファンタジー・SF・ミステリー・マンガ・アニメ・ゲームなどから影響を受けて一九九〇年代前後に日本で生まれました。その特徴の一つは、私たちの現実ではなく異世界や異能を物語設定として導入する場合が多いという点です。そこでは、歴史や社会だけでなく物理法則すら異なります。自由な世界構築によってラノベはファンタジーやSFと同様、個人と社会のあり方についての思考実験の場となっています。と同時に、マンガやアニメと同様、現代日本の日常のありようをリアリズムとは違う形で反映もしています。

異世界ラノベには、異世界の中だけで物語が展開する作品も、主人公が現実世界と異世界の間を往還する作品もあります。どちらの場合も、異世界が一種のゲームのように設定されます。そもそもゲームというもの自体、異世界性を帯びています。まず、異世界ライトノベルである榎宮祐《かみやゆう》『ノーゲーム・ノーライフ』を取り上げます。

『ノーゲーム・ノーライフ』の主人公は、兄と妹の二人です。兄・空と妹・白は家族もおらず、二人だけで引きこもり生活を送っていました。

「無機質な光。パソコン、ゲーム機器が奏でるファンの音。／無数の配線が床をのたうち、散らばったゴミと、脱ぎ散らした服。／陽を遮断し切るカーテンが、時が止まったように、時間感覚を奪う空間。／世界から隔離された――十六畳の、狭い部屋。／そこが兄妹《ふたり》の世界――その、全《すべ》て。」（榎宮 2012:31）

それはいわゆる「ネトゲ廃人」の生活です。

「――もうこの世にいない両親。／――社会に受け入れられない妹。／――社会を受け入れられない自分。／――画面の中にしか居場所のない――世界。」（榎宮 2012:68）

二人はネット上で有名な天才ゲーマーですが、現実社会はそんな人間を容易には受け入れません。

人生はゲームではありません。

「目的もわからず、パラメーターもなく、ジャンルすら不明。／決められたルールに従っても罰せられ――なにより。／ルールを無視した奴が我が物顔で上に立つ――。／こんな人生《クソゲー》に比べたら、どんなゲームだって――簡単すぎる。」（榎宮 2012:33）

その二人がある日突然、異世界へ転生します。そこは「【盤上の世界・ディスボード】」と呼ばれ、巨大なチェスのコマがそびえ立つ世界です。『鏡の国のアリス』を思わせるその風景が示唆するように、そこは「この世のすべてが単純なゲームで決まる世界」です（榎宮 2012:37）。この世界ではそもそも暴力は存在せず、代わりに「十の盟約」と呼ばれるルールがすべての事象をゲームとして統御しています。

この世界には「神霊種《オールドデウス》」「幻想種《ファンタズマ》」など一六の種族が住んでおり、多くの種族はそれぞれ魔法・超能力・「超感覚」などを持ちますが、「人類種《イマニティ》」だけは特殊能力を持ちません。それゆえ「人類種」は他種族とのゲームに敗北し続け窮地に追いやられていました。特徴的なのは、ゲームのルールがすべてを支配しているにもかかわらず、魔法によるイカサマは、見破られない限り認められるという設定です。この条件では「人類種」が勝てるはずはありません。このような「人類種」の国へ主人公二人が異世界召喚されたところから物語は始まります。

この「人類種」の設定は、定型発達者中心の社会に生きる自閉症者の状況を連想させます。定型発達者は、社会性という名の「魔法」を駆使できますが、自閉症者はそれが使えません。にもかかわらず、定型発達者と同じ盤上でゲームしなければならないのです。いかに自閉症者がルール厳守でプレイしても、定型発達者が使う「魔法」にはかないません。魔法はルールを超えてゲームを左右できる力ですが、ルールから論理内在的に導き出せないからです。自閉症者はどうすればこの「人生《クソゲー》」を切り抜けられるでしょうか。

ところが空と白は、ルールを遵守しながらも、巧みな戦略によって他種族とのゲームに勝ち抜いていきます。そこに本作の娯楽作品としての爽快感があります。

自閉症者は、他者の心を推測したり、心を読んだりするのが苦手であると言われます。定型発達者と同じ道筋で（脳の同じメカニズムを使って）推測ができないという意味では、確かにそうかもしれません。しかし自閉症者は自閉症者なりに、別の道筋を使って他者の心を推測しようとすると近年では考えられています。これは必ずしも自閉症が〈治る〉ということではなく、試行錯誤の末、その人独自の抜け道を自力で見出すのでしょう。このプロセスは、空と白が進む道と似ています。

本作には「『コマが意思を持っている』チェス」が登場します（榎宮 2012:170）。普通のチェスでは、コマはプレイヤーの意思に従って動かされます。偶然に左右されない「『二人《ふたり》零和《れいわ》有限確定完全情報《ゆうげんかくていかんぜんじょうほう》ゲーム』」であるチェスならば、ゲームの達人である空と白は決して負けません（榎宮 2012:27）。なぜなら、空と白はすべての手を論理的に読み切れるからです。ですが、コマが意志を持ち、その意志に相手プレイヤーの魔法が働きかけるとなれば、話は別です。空と白は一旦、窮地へ追いやられます。ですが最終的に二人は、魔法なしで勝利を獲得します。

『鏡の国のアリス』は「チェスのルールにのっとって物事が進んだりする世界」を舞台としており、そこでも、意志を持つコマが登場します（芦田川 2016:788）。その巻頭では物語を先取りするように、「白の歩《ポーン》（アリス）が十一手で勝利する方法」が棋譜解説の形で掲示されています（キャロル 2017:142）。実際、物語はその通りに展開しますが、しかしそれは奇妙な印象を与えます。なぜなら、旅行に行く前に、あらかじめ全行程を詳細に知らされているような気がするからです。あるいは、時間の「構造化」

のためのスケジュール表を思わせます。時間が空間化されている感じがして、それはあまり小説的ではありません。普通、小説を末尾から読んだり、物語の年表をあらかじめ用意したりする人は少ないでしょう。先の読めない意外性が通常の小説の楽しみだからです。

本来は相性があまりよくないはずのゲームと小説を結びつけたところにラノベの特徴があります。ですがそれはラノベが初めてではなく、ファンタジー・ミステリー・SFのようないわゆる「ジャンル小説」がつくりあげてきた特徴であり、ラノベはその継承者なのです。現代の私たちはアリスが「不思議の国」で体験したことを、ゲームによって日常的に楽しむようになりました。考えてみれば、現代ほどゲームが生活に入り込んだ時代はなかったでしょう。なぜこれほどゲームに惹きつけられるのか。それ自体、解かれるのを今も待ち続けている謎なのです。

歯車の音――『クロックワーク・プラネット』

次に、同じ榎宮祐が暇奈椿《ひまなつばき》と合作した『クロックワーク・プラネット』を取り上げます。この作品では、世界自体が歯車で動くという設定です。

「歯車は廻る。／規則的に、機械的に、必然的に。／それは、在るがままに時を数えている。／たとえ時計がその歩みを止めたところで、意味はない。」（榎宮・暇奈 2013:11）

ある日突然、地球は寿命のため終末を迎えますが、その三〇年後、一人の時計技師が登場し、地球の全機能を歯車つまり機械仕掛けで再現します。それが「時計仕掛けの惑星《クロックワーク・プラネット》」です。男性主人公は高校生・見浦ナオトであり、女性主人公は、機械修理の技師集団を率いるマリーや「自動人形《オートマタ》」であるリューズたちです。村田沙耶香『コンビニ人間』では個人が「世界の歯車」となるイメージでしたが、このラノベでは、世界が歯車で動く設定になっています。

ちなみにホッケ『迷宮としての世界』によれば、歴史上のマニエリスムには「機械崇拝」の傾向がありました。一六世紀頃のヨーロッパには、人間と自然との間に「機械による「新しい」自律的な世界」が誕生する予感があったと言います。それは「人造人間」例えば「ゴーレム」の夢へとつながり、アルチンボルドへの影響も示唆されています。「自動人形ゴーレムはアルチンボルドの没年と同じ一五九三年に「死んだ」」のです（ホッケ 2010:371-373）。それ以来の長い歴史の末、ゴーレムの末裔はSFやラノベへと受け継がれました。

『クロックワーク・プラネット』の男性主人公・見浦ナオトは、ある一点を除けば「ごく一般的な男子高校生」ですが、機械に関わる「特異な才能」を持っています。それは『異常聴覚』です（榎宮・暇奈 2013:37,38）。

「離れたビルの室内で起こっている出来事も。／約五キロ先の地下から伝わる何千もの行進音も。／兆単位の粒子歯車《ナノ・ギア》が噛み合う音すらも、正確に聞き分ける。」（榎宮・暇奈 2013:38）

その正確さはノンセンスですらあります。リューズに「わたしを構成する歯車の総数は？・」と尋ねられた彼は、「えーと……四兆二〇七六億八六四三個かな？・」と答えます（榎宮・暇奈 2013:113）。また別の場面では、「――四京三九八五兆四七二四万五九〇八個――それが正確なパーツの数だ」という具合です（榎宮・暇奈 2013:298）。

この能力のおかげでナオトは、世界の歯車の不調を耳だけで検知できます。

「耳を澄ませば聞こえてくるのだ。／ウィーンの交響楽団も白旗を掲げるオーケストラの中に、幼稚園児のピアニカのような雑音が混じっている。／完全芸術の中の、たった一つの染み。／こんなものを聞きつけては我慢などできない。／完璧に設計されながら、完全に作られながら、それが不完全にしか動いていないのは、端的に言えば、そう――超気に入らねえ、とナオトは思う。」（榎宮・暇奈 2013:75）

こんな風に「機械にしか興味がない」ナオトは「チクタク、チクタクと時を刻む時計の音を聞くと胸が落ち着」きます（榎宮・暇奈 2013:41）。

「――なるほど自分はどうやら『異常』であるらしい。／だが自覚したからといって生まれついての性分が変われば苦労はしない。／三つ子の魂百までの格言通り、見浦《みうら》ナオトは見浦ナオトのまま成長した。」（榎宮・暇奈 2013:42）

サイモン・バロン＝コーエンによれば、とあるアスペルガー症候群の若者は機械に対する強い知的関心の持ち主でした。「細胞がどのような働きをするのか」を知りたい彼にとって細胞は「家の台所で分解したり作り直したりしたトースターと何の違いもない」のです。彼にとって細胞は「小さくて美しい機械」なのです（バロン＝コーエン 2011:13）。

自らの「異常」を認めるナオトは、外界の様々な音から自らを守るためにノイズキャンセリング機能つきヘッドホンを常に装着しています（榎宮・暇奈 2013:219）。にもかかわらず彼があえてヘッドホンを外すのは、誰も発見できない世界の歯車の異常を感知し、崩壊しつつある都市を救うためです。

「そして蛍光グリーンの安物ヘッドホンを、ゆっくりと外す。（中略）／顔をしかめ、歯を食いしばる。／周囲の全てが、耳から脳みそのなかに潜り込んでくるような、そんな錯覚。」（榎宮・暇奈 2013:230）

自閉症者には聴覚過敏が少なくなく、混雑の中では苦労することがあるため、近年、ノイズキャンセリング機能つきヘッドホンを利用することがあります。『コンビニ人間』でも世界の音の聴取は重要であり、物語は「コンビニエンスストアは、音で満ちている。」という一文で始まります（村田 2018:7）。多くの人はコンビニの中は静かだと感じているでしょうが、当事者でもある文学研究者・横道誠の『みんな水の中――「発達障害」自助グループの文学研究者はどんな世界に棲んでいるか』の中でも、『コンビニ人間』は音の感覚過敏との関係で取り上げられています（横道 2021:204）。恵子は眠れない時、コンビニのことを考えます。

「清潔な水槽の中で、機械仕掛けのように、今もお店は動いている。その光景を思い浮かべていると、店内の音が鼓膜の内側に蘇《よみがえ》ってきて、安心して眠りにつくことができる。」（村田 2018:27）

恵子にとって、コンビニの音が自分の身体から消えるのは「世界から切断」されることを意味し、コンビニの「声」が彼女の中に流れ込む時、「その振動が、私の細胞へ直接語りかけ、音楽のように響いている」のです（村田 2018:144,154）。『コンビニ人間』は末尾の一文において、恵子がある声を思い出して終わります。それはちょうど、『不思議の国のアリス』の末尾が、足もとの草のそよぎ、ねずみが池に飛び込む音、ティーカップや食器が立てる音など様々な環境音の描写で彩られているのと似ています（キャロル 2015:198,200）。これはまた「家具の音楽」というサティの考えを思い出させます。コンビニには通常ＢＧＭ音楽は流れていませんが、『コンビニ人間』によればそこは音に満ちているのです。

二つの才能とオープニングスタッフ

『コンビニ人間』は必ずしも希望の物語ではありませんが、ラノベである『クロックワーク・プラネット』は端的に希望の物語となっています。ナオトはその「才能」にもかかわらず、あるいは才能ゆえに、社会を構成する「彼ら」からは相手にされませんでした。純粋な『観測』の才能は「彼ら」の役に立たないからです（榎宮・暇奈 2013:335）。そんなナオトが、マリーたち『操作』の才能を持つ集団と出会います。二つの才能の出会いによってナオトは認められ、協力して世界の危機に立ち向かうという物語です。後書きによれば、二人の主人公には、二人の作者の天才観が反映されており、ナオトが榎宮、マリーが暇奈の天才観に基づいています。だとすれば、合作という形式が『観測』と『操作』の協同を生んだと言えるでしょう。

ここから、ホームズとワトソンのような、自閉症者と定型発達者のコラボの可能性を読みとれないでしょうか（竹中 2012:300）。ホームズ物語の発端はワトソンとホームズのルームシェアでした（ドイル 1953:20）。ベーカー街の部屋で気ままに時を過ごす、タイプの異なる二人の元へ事件の依頼人が訪問し、そこから物語が始まります。気むずかしいホームズも、自分の好きな物だけを集めたベーカー街の部屋では居心地よく過ごしています。

ホームズ物語が居心地のよい閉じた空間の調達から始まったのと同様に、『コンビニ人間』で恵子は「オープニングスタッフ」としてコンビニをゼロからつくりあげました。もし恵子が既存のコンビニで途中から働き始めたのなら、一八年間も働き続けられたでしょうか。既に秩序や歴史が確固として存在する状況へ後から参入しようとする人は、既存の秩序に合わせて自らを変えるよう要求されます。これは、自閉症者にとっては厳しい課題です。生きやすい空間を自前でつくること。オープニングスタッフであること。これが大切ではないでしょうか。既述の「構造化」もそのような発想に基づいているように思われます。

ドイルは自らを伝統的な歴史小説の書き手として自負していましたが、その自己像は当時の読者からは認められませんでした。彼が認められたのは、ホームズ物や『失われた世界』つまり探偵小説やSFのような新しい小説ジャンルを図らずも立ち上げたためです。ドイルはいわばジャンル小説のオープニングスタッフでした。

『ノーゲーム・ノーライフ』の場合はどうでしょうか。主人公二人にとって「ディスボード」は既に確立していた世界、既成秩序です。その秩序を前提にした上で物語は展開します。ところで、ライトノベルの人気作の多くは連載漫画のように巻を重ねるのですが、本作も同様です。ところが本シリーズ第六巻は一種の番外編となっており、第五巻までと打って変わって、話が六千年前に遡り、それまでとは異なる登場人物たちによって「ディスボード」誕生の神話が語られます。つまり、なぜ世界がゲームのルールだけで統御されるようになったかについての、いわば世界のオープニングスタッフの物語です。この巻は劇場映画化もされました。

六千年前、種族同士が覇権を争う「大戦」が果てしなく続き、その渦中で人類種は絶滅の危機に瀕していました。この巻の主人公は空と白とは別の二人組、人類種のリクと「機凱種《エクスマキナ》」のシュヴィです。アンドロイドのような種族である機凱種は、リクを始めとする人類種を遥かに超える力を持っています。ところが、その中でシュヴィだけが、機械としては「壊れて」います。その原因は「自己言及の矛盾《パラドクス》」だとされています（榎宮 2014:74）。シュヴィは機械としてあるまじきことに、人間だけが持つ心というものを解析したいと望んでパラドクスに陥り、機凱種の集団から離脱していました。そんなシュヴィは壊れているがゆえに、本来出会うはずのないリクと遭遇します。こうして、ルールなき世界にルールを創設するに至るまでの物語が始まります。

世界ルールの創設者は形式上は神でしたが、そのきっかけをつくったのは、人間と壊れた機械のコンビだったのです（榎宮 2014:306）。この事実は秘匿され、永遠に忘却されました。異種間のコラボがルールを生み出し、その二人を歴史や神話が忘れ去ることによって、唯一神さえゲームで決まるような世界が誕生します（榎宮 2012:259-261）。そこでは、ゲームが唯一神を決め、唯一神がゲームを決めるのです。

自分がつくったルールに自分自身が従うというのは、自己言及のパラドクスへとつながります。

ルールの設定者がルールを守るべき対象でもあるという状況においては、「ルールをつくってはいけない」という禁止ルールをつくってしまうと、そのような禁止ルールをつくること自体がルール違反になってしまいます。とすれば、禁止ルールはつくれないので、ルールをつくってもよいことになり、禁止ルールはつくれることになります。以下同様で、つくれるかつくれないかは無限に循環してしまいます。

このような無限後退を防ぐ一つの方策は、一番最初のルール設定者の存在と振る舞いを完全に忘れてしまうことです。つまり、パラドクスを引き起こしかねない自己言及状況の責任を、その最初の一人にすべて押しつけてしまい、その一人を神格化したり、あるいは存在しなかったと見なすことで、パラドクスを実質的に無効化してしまうのです。すなわち、パラドクスは天上に昇るか、忘却の彼方へ追いやられるかすることで、地上に平和が訪れるわけです。

実際、本作ではそのような物語が展開します。ルール創設を導いた二人の存在の忘却によって、原初の世界ルールが孕んでいたパラドクスは、人々の目から隠蔽されました。オープニングスタッフはパラドクスそれ自体を生きたのですが、その真実は封印されてしまい、パラドクスの抑圧によって、平和な日常が形づくられたのでした。ですが、パラドクスは解消され消滅したのではありません。何らかの偶発的な出来事をきっかけにして、いつでも回帰しうるのです。長年平穏に生活してきた『コンビニ人間』の恵子に起きた突然の出来事もまた、パラドクスの回帰だったのではないでしょうか。

自己言及のパラドクスは『アリス』にも散見されます。それだけでなく、「自閉文化」全体の通奏低音でもあるように思われます。次に『アリス』を例として、自己言及のパラドクスについて考えてみます。

第3部　ずれた世界でよりよく生きる

第15章 『アリス』のパラドクス——自己言及を字義通り生きる

パズル・直解主義・うるさ型

第6章では『アリス』を秩序維持の観点から取り上げましたが、ここでは再び『アリス』を、論理という観点から見ていきましょう。通常、言葉は何よりコミュニケーションのための道具ですが、ルイス・キャロルにとって言葉は、パズルのピースでもあったようです。高山宏によれば、キャロルは幼時、ジグソー・パズルが好きでした（高山 2008:64）。大人になってからは「言語遊戯」を好みましたが、そこでは言葉が、文法や単語としてのまとまりを解体された上で新たに組み上げられます。ジグソー・パズルのピースのように。彼の「言語遊戯」で結果的に立ち現れるのは、意味ある全体図ではなく、ノンセンスな図柄です。「細部へのレトリスム的な拘泥が全体をノンセンスへと脱臼せしめた」のです（高山 2008:108）。

シューエルによれば、『アリス』において部分と全体は特徴的な関係にあります。『鏡の国のアリス』では白の女王がアリスに「一たす一たす一たす一たす一たす一たす一たす一たす一たす一はいくらになるかの。」と質問します。この質問で重要なのは、「一たす一……という風に組み立てていくことそれ自体」なのであって、結果として創発してくる合計つまり「一切を呑みこんでしまうがごとき全体」はどうでもよいのです。言葉の積み重ねによって生まれるのは、求心性統合による全体ではなく、あくまで「砕片より成り立つ一個の宇宙を創ること」です（シューエル 2012:97-98）。アルチンボルドの肖像画がそうであるように。

キャロルは「成句、比喩、諺を字義通りとって落差感を楽しむ」ことに興じましたが、このような「直解主義《リテラリズム》（慣用句を字義どおりに解釈してしまう類《たぐい》）」は「とぼけた面白さ」をもたらしてくれます（高山 2008:36,64）。比喩や成句は言葉だけで成り立ってはおらず「社会的産物」でもあるので、文脈こそが比喩を成り立たせます。文脈なしには、「氷の微笑」という隠喩はただのノンセンスにすぎません。比喩を理解せず字義通りに解釈してしまう「直解主義《リテラリズム》」は「言葉と社会とのつながりを断たれたしるし」なのです（高山 2007:257）。

シューエルによれば、キャロルはいわゆる「うるさ型《プレシジャン》」であって、友人の少女からの手紙に文法ミスがあると、返信の中でそれをいちいち正したと言います（シューエル 2012:75-76）。プレシジャンとは本来、精確さを追求する人という意味ですが、それが「うるさ型」という風に否定的に理解されてしまうのは、部分の細かな間違いにだけ意識が向いて、手紙の書き手がまだ幼いという社会的文脈に適切な配慮がなされないからです。大抵の人にとっては、文法ミスという部分よりも、子どもがわざわざ手紙を書いてくれたという全体の方が重要です。

キャロルは、自作の挿絵画家のイラスト中の線の本数をわざわざ顕微鏡を使って数えたり、「大事な手紙を切り刻んで相手に送りつけ相手に再現させたりする」という奇矯な振る舞いを晩年まで繰り返しました（高山 2008:30）。比喩とは無縁の「直解主義《リテラリズム》」。顕微鏡で線の本数を数える「うるさ型」。大事な手紙を細かく分解しパズル化して面白がる言語遊戯の軽率さ。それらが組み合わさってできあがるジグソー・パズルのような人。それがルイス・キャロルでした。

三段論法の隙間

キャロルは論理そのものに対しても間違いを正そうとせずにいられませんでした。彼は「3段論法に潜む無限退行の落とし穴」に関する論考を残しました（宗宮 2001:34）。哲学者バートランド・ラッセルは、これが論理学に対するキャロルの「最も偉大な貢献」だと考えました（ウィルソン 2009:235）。一八九五年、キャロルは『Ｍｉｎｄ』誌上で短い論文「亀がアキレスに言ったこと」を発表します。そこで彼は、アキレスと亀の架空の対話を通じて「アリストテレス以来の3段論法に疑問を投じ」ます（宗宮 2001:36、細井 2004:108も参照）。

三段論法とは、命題Aと命題Bが真であれば、AとBから論理的に帰結する命題Zもまた真であるという論法です。例えば、「ある同じものに等しいものは互いに等しい」（命題A）と「この三角形のこの二つの辺はある同じものに等しい」（命題B）が真であれば、「この三角形のこの二つの辺は互いに等しい」（命題Z）もまた真となります。

もってまわった言い方ですが、この場合の「ある同じもの」を定規のことだと考えてみましょう。目盛りのない定規があるとします。この定規を、長さを確認したい対象(イ)に当ててみると、ちょうど定規の端から端までの長さに相当しているとします。そして、別の対象(ア)にも同じ定規を当ててみると、やはり端から端までの長さだったとします。命題Aが真であるならば、対象(ア)と対象(イ)は「互いに等しい」ことになります。当たり前のようですが、確かに、このような手続きを経なければ、長さの等しさは確認できないことに気づきます。次にこの定規を、ある三角形の二辺に当ててみると、どちらも定規と同じ長さだったとします（命題B）。ここで、命題Aと命題Bから、「この三角形のこの二つの辺は互いに等しい」（命題Z）が出てくるはずです。

一見するとこの論理展開には何も問題はないように思えますが、よく考えてみると、命題Aと命題Bは別の話であって、そこから、命題Aでも命題Bでもない命題Zが錬金術のように生まれています。実際、三角形の二辺は直接に対応させられていないにもかかわらず、等しいと結論づけられています。そこにはどうしても、定規という媒介を曖昧に介在させる必要があります。命題Aと命題Bを並べておいても、そのままではいつまで経っても命題Zにはなりません。ちょうど、部分をいくら数多く掻き集めて並べておいても、そのままでは全体にならないのと同様に。

比喩的に言えば、命題Aと命題Bとの間の距離は非常に近くて、AとBはあたかも連続しているかに見えますが、厳密に考えればAとBとの間には必ず隙間があります。その隙間を思い切ってジャンプすることでようやく命題Zが生み出されるのです。命題Zとは、命題Aと命題Bの間に隙間がないはずだというあやふやな信頼があって初めて成り立つ命題なのです。

実際キャロルは次のように主張しました。AとBが真であるだけでは、Zが真であると言えないと。なぜなら、AとB以外に、命題Cすなわち「AとBが真である場合にはZも真である」という命題も真でなければ、Zが真であるとは言えないからです。つまり、AとBとCが真である場合のみ、Zも真である、というわけです。比喩的な言い方をすれば、AとBの間の隙間を埋めるためにはCが必要なのです。

しかし、さらに考えると、「AとBとCが真である場合にはZも真である」という命題と、「AとBが真である場合にはZも真である」という二つの命題は構造上、本質的に違いはありません。AとBの二つが、AとBとCの三つに増えただけです。ですから、先ほどと同じ問題が再発してしまいます。つまり、AとBとCが真であるだけではZが真であるとは言えず、新たな命題Dによって新たな隙間を埋める必要が生じてくるのです。

ところが、次々と命題D・E・F……を増やしていっても、結局のところ何も本質的には解決しません。命題を増やす操作は無限に繰り返されるだけです。つまりキャロルの考えでは、三段論法は「無限退行の落とし穴」から逃れられません。

そもそもなぜ命題Cが必要になるのでしょうか。問題は、三段論法が帰納推理ではなく演繹推理だと信じられているという点にあります。演繹推理は絶対に間違えません。宇宙の果てでも永遠の未来でも同じ結論になるのが演繹推理です。では、なぜそんなことが可能なのでしょうか。演繹推理が常に正しいとされるのは、演繹推理独特の仕組みのおかげです。「演繹推理において重要なのは、必要な情報がすべて前提の中にあること、結論は前提からの必然であること」です（宗宮 2001:23）。前提の中にすべてがあるのならば、結論すらも前提の中に既に含まれているはずです。とすれば、その推理は無謬のはずであり、前提と結論との間に隙間は皆無のはずです。

例えば、既述のカレンダー記憶の場合、前提の中にすべてがあるので、百万年後の一月一日が何曜日なのかという推論は無謬です。その日まで人類が存在していなくても関係ありません。カレンダーでは、すべてが前提の中に既に含まれているので、完全な演繹推理が成り立つのです。

ところがキャロルは、三段論法では、前提の中にすべてが含まれてはいないと主張します。先の命題Aと命題Bという二つの前提の中に、命題Zという結論は含まれていないと言うのです。確かに命題Aと命題Bの文をいくら眺めていても、命題Zは含まれていません。たとえ話で言えば、音符をいくら集めても、それだけではメロディの流れが生まれないのと同様に。したがって、先述した演繹の性質を考慮に入れれば、命題Aと命題Bから命題Zが演繹されることはないというわけです。それゆえ、AとBの間を埋めるためには、新しい命題Cを導入せざるをえません。後は以下同様で、無限後退していきます。

通常、演繹推理についてそこまで徹底して考えたりはしませんが、厳密なキャロルは、三段論法を含めた論理学そのものが頼りとしている「演繹推理」なるものが、実は根本的な曖昧さを含んでいると考えました。「1分の隙もないはずの演繹推理の中に、底なしの深い隙間、言語使用者の暗黙の了解によって跳び越えるしかない曖昧さが介入」しています（宗宮 2001:37）。

ですが、この「曖昧さ」を無反省に甘受しているおかげで私たちの多くは、推論を行う際に無限後退に陥ってフリーズしたりせずに、平穏な日常生活を送っています。こうして、厳密に正しくはないものの、とりあえず諸部分間の隙間は埋められ、連続的な空間が生成します。別の言い方をすれば、個々の部分の単なる総和に留まらない全体ができあがるのです。ルールを厳守するゲームではなく、夢や魔法のように。

隙間の問題は自閉症論でも登場します。ジグソー・パズルは隙間をなくそうとするゲームですし、ミニカー並べもそうです。動物行動を研究する自閉症者であるテンプル・グランディンは自らのために、体をやさしく締めつける装置を考案しました（モンゴメリー 2015:105）。自閉症療育書では、狭い場所にすっぽりと体が収まることで安心感を得られるというエピソードが見られます。それは、「不思議の国」の部屋の中で大きくなりすぎて、体を動かす隙間がなくなってしまったアリスの姿を彷彿とさせないでしょうか（キャロル 2015:54）。

論理の人たちとアリス

隙間を埋めてくれるような魔法的曖昧さを認めないのが『アリス』のキャラクターたちです。典型はハンプティ・ダンプティでしょう。気難しい「論理の人」であるハンプティは、厳密な演繹は認めますが「直感」的飛躍は認めません（宗宮 2001:38）。彼に対してアリスはある事柄についての説明を試みますが、ハンプティに論理の穴を指摘され、無限後退に陥ります。与えられた前提だけから隙間なく説明できなかったからです。

ハンプティはアリスを顔によって認識できません（宗宮 2001:37）。顔の部分の特徴から厳密に演繹して、魔法的飛躍なしに「これはアリスだ」と結論づけられないからです。アリスから見ればノンセンスな結論ですが、ハンプティは「論理的でありすぎることはナンセンス」という世間の常識に思い及ばないのです（宗宮 2001:41）。

自閉症者の中には、顔による他者識別が苦手な人たちがいます。これは視覚情報の不足のせいではありません。精細な視覚情報から、目や耳や鼻などのパーツの単なる総和ではなく、一つの人格を持つ顔をまとめあげるのが難しいのです。そのため、服装や髪型を変えると別人と誤認してしまう場合もあるようです。全体として大まかに把握していれば、部分が多少変わっても全体自体は維持されます。しかし、そうでなければ、たとえ部分の小さな変化であっても、たちまち同一性は失われます。

パスワードは、数字が一つ違うだけで無効なのと同様に。それに対して、定型発達者が人物を認識する際には、部分が多少変わっても変わらない全体を捉えているのです。

「「ひょっとしてまたお会いしたとして、あんただとは二度とわからんだろう」むっとしてハンプティ・ダンプティは答えましたが、指一本を握手のためにつきだしています。「あんた、まるで他のやつらとそっくりだからな」／「普通、顔でわかるんですけど」アリスはちゃんと考えて、言いました。／「まさしくそこに文句を言いたい」とハンプティ・ダンプティ。「あんたの顔、だれの顔とも同じだからなあ――目がふたつ、こう――」（と親指で空中に形をなぞります）「真ん中に鼻、下に口。いつだって同じだ。たとえば鼻から見て同じ側に目ふたつがついてる――とか、てっぺんに口があったら――ちょっとは楽なんだがな」」（キャロル 2017:143）

一見するとハンプティの発言は無茶に思えますが、確かに顔認識は複雑なメカニズムです。ある人の目が細いとします。その人に最後に会ってから五年後に再会した場合、その人の顔を識別できるでしょうか。五年間経って、目の細さが一ミリメートルほど変化したかもしれません。その程度の違いでしたら、その人が五年前と同一人物だと識別できるでしょう。では、五ミリメートル変化していたらどうでしょうか。この場合はさすがに同一人物だと確信するのは難しそうです。それでは、中間の三ミリメートルではどうでしょうか。

このように顔の識別では、個々の部分の完全な同一性ではなく、諸部分からできあがる全体が一致しているかどうかが重要ですが、全体を感じ取れないハンプティは、諸部分の同一性だけで顔認識せざるをえません。それゆえ〈二つの目が鼻の片側にあれば識別できるのに〉と不満を言うわけです。二つの目が鼻の両側にある場合と鼻の片側にある場合とは、一ミリメートルと三ミリメートルの曖昧な違いとは異なり、明確な違いだからです。一種のトポロジー（位相幾何学）的発想がそこには見受けられます。

第4章でも触れましたが、先駆的に自伝を書いた自閉症者として有名なグランディンは、犬という概念が分かりにくかったと言います（竹中 2008:45）。グランディンは写真のように精細な記憶力を持ち、個々の犬のイメージ画像を膨大に記憶していましたが、演繹的に犬という概念をつくりあげるのが難しかったのです。微妙な特徴をいちいち列挙し始めると「きりがない」ため、大抵の人は「どこかでジャンプして「直感」に頼る」でしょう（宗宮 2001:38）。ですがグランディンにとって曖昧なジャンプは困難だったので、結果的に彼女は、すべての犬の個体が同じ鼻の形をしていることに気づき、そこから犬という概念を自前でつくりだしたのです。ここで彼女は、概念のオープニングスタッフとして振る舞っているように思います。

このように、曖昧なジャンプを頼りにしない思考は、分類学のような自然科学の発展にとっては有効でしょうが、日常生活向きではありません。例えば、『鏡の国のアリス』の「白のナイト」は、足元にサメが現れるのではないかといつも心配しています（キャロル 2017:171）。なぜなら、サメが現れる可能性は完全にゼロではないからです。そのために彼は絶えず用心を怠りません。このような白のナイトは一見するとハンプティと正反対の性格に見えますが、二人とも「常識的でファジーな論理を心得たアリスとは違って2値論理の人である」点で共通しています（宗宮 2001:44）。

自閉症者を描いた映画『レインマン』（一九八八年製作、一九八九年日本公開）では自閉症者レイモンドが、飛行機を頑なに拒む場面があります。彼は、過去の飛行機事故についての精細な情報を口にします。確かにその情報は正しいのですが、定型発達者ならば、曖昧な推論のまま飛行機に乗ることでしょう。レイモンドの弟チャーリーは定型発達者であり、兄から飛行機旅行を拒まれたため、しぶしぶ大陸を横断する自動車旅行をすることになり、その間しばしば兄と衝突しながらも、自信満々の自らの姿勢を次第に変えていくのです。アリスが地下への垂直の旅で経験したことを、チャーリーは水平の旅で経験したわけです。

コンピュータとマニエリスム

高山宏によればハンプティは「クールな言語観」の持ち主です（高山 2007:274）。この点は作者キャロルにも当てはまるようです。キャロルは秩序や順序に対して敏感でしたが、そんなキャロルを高山は「王立協会タイプの人」と呼びました（高山 2007:259）。

ロンドン王立協会は、歴代の総裁の一人がニュートンだったことからも窺えるように、自然科学的な考え方を推進する集団であり、英語の曖昧さを批判し、曖昧さや多義性のない数学のような言語を理想としていました（高山 2007:38-39）。キャロルはその理想を受け継ぎ、ハンプティというキャラクターをつくりあげました（高山 2007:272）。

王立協会の遠大な理想は、「0と1の二進法表記で物を書く方向にまで行こう」というものでしたが、それは後年、コンピュータ言語で実現されることになります。キャロルはちょうど、王立協会からコンピュータへと至る中間地点に位置づけられる人物です（高山 2007:42）。しかしながら「0と1の二進法」を徹底していくと、数と数の間に隙間はあるのかという難問に直面することになり、この問題を棚上げにすること、言い換えれば、「連続体問題」の棚上げを引き起こしました。コンピュータ技術は、この難問を未解決のままにして発展していき、今日の社会へ広まっていきました。コンピュータはハンプティや自閉症者と同様に、顔認証の達成に苦労を重ねてきたわけです（宗宮 2001:38）。

王立協会とキャロルとコンピュータはそれぞれ時代を異にしますが、共通する「知性のタイプ」が見受けられます。それが「常数としてのマニエリスム」です。かつて一六世紀のマニエリスムは魔術思想に依拠しましたが、現代のマニエリスムはコンピュータの技術思想を手がかりに展開しつつあるのです（高山 2007:85）。

岩谷宏によれば、コンピュータ関係者には『アリス』愛好者が多いと言います。なぜなら『アリス』には「論理の自由」があるからです（岩谷 2009:286）。「論理の自由」とは、裏返して言えば、社会性からの自由でもあります。「社会の約束ほど『アリス』の登場人物たちにとって苦手なことはない」のです（宗宮 2001:82）。キャロル自身も、曖昧で社会的な英語と、厳密で自由な数学論理との相性がよくないことに頭を悩ましていました（宗宮 2001:11）。「論理の人」たちは往々にして空気が読めないとレッテルを貼られます。ですが、そういう人たちからすれば、常識的なアリスの方が困り者だったに違いありません。ともあれ「論理の人」は様々な困難に直面しますが、その最たるものが「自己言及のパラドクス」です。

パラドクスと自閉症

規則を厳格に守り、言葉を文字通りに受け取り、全体（文脈）を考慮に入れない態度を徹底していけば、その先には自己言及のパラドクスが待ち構えています。その典型例が、「私は嘘つきだ」という発言です。この発言が真ならば、私の言うことは真ではありません。ならば、「私は嘘つきだ」という私の発言は真ではありません。つまり、私は嘘つきではありません。そして、私は嘘つきではないならば、最初の発言「私は嘘つきだ」は正しいわけで、私は嘘つきです。これはおかしな結論です。ですが、発言を文字通り受け取るという立場を徹底すると、確かにこうなってしまいます。

ただしよく考えてみれば、発言を文字通りに受け取るということ自体が極端な振る舞いなのだと気がつきます。「私は嘘つきだ」という発言を文字通り受け取ると、私の発言がすべて例外なく嘘でなくてはなりません。ですが、例外を一つでも認める寛容さがありさえすれば、上記のようなパラドクスは生じたりはしません。例外を一切認めない「プレシジャン」であることがパラドクス発生の基盤なのです。
「論理学者キャロルも無限分割、無限循環の病毒に魅了されていた。飛ぶ矢は飛ばない、アキレスは亀に追いつけない、「全てのクレタ人は嘘つきだ」とクレタ人が言った、などなどギリシア以来の逆説を彼はたえず弄んでいた。」（高山 2008:110）
「純粋数学とは自分の語っていることが真であるかどうか知らない学問であると喝破したのは故バートランド・ラッセル卿であったが、多様かつ猥雑という理由で世界から肉体性を削ぎ落とし、ひたすらルールに自立した内部世界の整合をめざす一切の演繹的体系の、それは宿痾とも称すべき自閉症《アゴラフォビア》である。（中略）ここではキャロルが寧ろ逆にこの自閉的性格ゆえにこそ純粋数学（ユークリッド幾何）、演繹論理学を選びとったのだということを確認しておけば足りる。」（高山 2008:74）

　純粋数学や演繹論理学が「自閉症」的であること、そしてキャロルが「自閉的性格」を持っていたためにそれらを好んだことを高山は示唆していますが、高山が「自閉症」に「アゴラフォビア」とルビを振っている点にも注目しましょう。アゴラフォビアとは神経症の一種で、通常は「広場恐怖症」と訳されます。ここでは、広場恐怖症（神経症）と自閉症が混同されていると言わざるをえませんが、今日ではそのような解釈を採用するわけにはいきません（高山×巽 2018:290 を参照）。

　とはいうものの、『アリス狩り』の刊行が一九八一年だったことを考慮に入れる必要があります（新版は二〇〇八年刊行）。一九八一年と言えば実は、ようやく現在につながるような自閉症観が出発した年でした。この年にローナ・ウィングが、第二次世界大戦中のオーストリアの医師ハンス・アスペルガーによる業績を再発見しました。それを承けて、「アスペルガー症候群」という言葉が世に広まったのは、ウタ・フリスが『自閉症とアスペルガー症候群』を刊行した一九九一年以降のことです（バロン＝コーエン 2011: iii）。このような経緯を経てようやく、過去の偉人たちが自閉症的だったのではないかという推測がなされるようになりました。したがって、当時の高山が現代的な自閉症観を持っていなかったのは当然です。

パラドクスを生きる

自己言及のパラドクスはいろいろな形に言い換えられますが、その一つが「床屋のパラドクス」です。ある町で唯一の床屋（男性限定）が「この町の男性住人のうち、自分で髭を剃らない者全員の髭だけを剃れ」という命令を受けました。この床屋は自分の髭を剃るでしょうか、剃らないでしょうか。もし自分の髭を剃らなければ、「自分で髭を剃らない者全員の髭」を剃ったことにはなりません。なぜなら、床屋は自分で髭を剃らない者なのに、その髭を剃っていないのですから。また逆に、もし自分の髭を剃れば、これはこれで「自分で髭を剃らない者全員の髭だけ」を剃ったことにはなりません。なぜなら、床屋は自分で髭を剃る者なのですから剃ってはいけなかったはずです。

『不思議の国のアリス』には、「床屋のパラドクス」と似た奇妙な命令が登場します。それは女王と王と死刑執行吏の三者が言い争う場面です。あることをめぐって女王は死刑執行吏たちを前にして命令します。

「クィーンの言い分はこうです。この件について即刻しかるべき手が下されぬ場合は処刑する、だれであろうと（この最後の言葉はいあわせた者みなを息苦しく、心配な気持ちにさせました）。」（キャロル 2015:134-135）

例外を認めない「だれであろうと」という命令は最終的に、死刑執行吏が自分の首をはねなくてはならなくなるので、床屋のパラドクスと同様の自己言及パラドクスを引き起こしてしまいかねません。『アリス』では他に、「赤のキング」のエピソードに自己言及パラドクスの片鱗が見受けられます（宗宮 2001:76）。「夢を見ているキングを見ているアリスがキングの夢の中の存在である」かもしれないと言うのです。このことは「無限退行」を引き起こし、「ラッセルのパラドックスと同じ種類のどろぬま」を生み出します（宗宮 2001:114）。

ここで再びラッセルの名前が出てきますが、ノンセンス文学について先駆的に論じた高橋康也は『ノンセンス大全』の中で何度かラッセルに言及しました。高橋は、ケンブリッジ大学におけるラッセルたちの集まりが『アリス』のお茶会のようであり、その「知的雰囲気」に「キャロル風な論理学的・言語分析的傾向と通じあうものがあった」と指摘しています（高橋 1977:317）。ただ違うのは、哲学者ではない『アリス』のキャラクターはお茶会をやめられないという点です。アリスは物語の最後に夢から覚める形でパラドクスから離脱しますが、キャラクターたちは論理の自由と社会性からの自由を維持したまま、「不思議の国」で生き続ける他ありません。

至るところに落とし穴のようにちりばめられた自己言及パラドクス。例えば、個人は確かに社会の中にあり、社会という全体の部分です。ですがその個人は、社会という全体を内面化しています。個人は社会の見る夢の中にいる一方、社会は個人の見る夢の中にあるのです。まるで「赤のキング」の夢のように。この自己言及は「以下同様」の形で「無限退行」してしまいますが、それでも定型発達者は日常生活において無闇にフリーズしたりはしません。自己言及パラドクスを上手に緩和すること、それが社会の自己言及的な内面化、つまりいわゆる社会化なのです。

それに対して自閉症者とは、社会化の自己言及パラドクスを緩和せず文字通りに生きる人々のことではないでしょうか。そのような生き方が「社会性の障害」と呼ばれてきました。自閉症者における「社会性の障害」とは、社会ルールを守らない自己中心主義というよりもむしろ、社会的なルールが本質的に隠し持っている自己言及パラドクスを緩和なしにそのまま生きてしまうことなのです。

既述した求心性統合の弱さは、このことと関わっていると思います。求心性統合とは、諸部分から、パラドクスを秘めた全体を錬金術のようにつくりあげるメカニズムであり、社会という全体を錯視する能力でもあります。自閉症者はそのような錯視から離脱した場所に立っているのではないでしょうか。

常数としての自閉症

重要なのは、パラドクスの緩和はパラドクスの解決・解消ではないという点です。自閉症ではパラドクスが緩和されていないのですから、もちろんパラドクスは解決されていないのですが、それどころか定型発達においてもパラドクスは解決されてはいません。つまり、自閉症と定型発達は、パラドクスの未解決か／解決かというカテゴリー的な二項対立をなしてはいないのです。「スペクトラム」という考え方は、二項対立ではないという点で、緩和という状態の別表現であるように思われます。たとえ話で言えば、赤は紫ではありませんが、だからと言って、赤と紫は二項対立をなしてはおらず、両者はスペクトラムとして連続しています。

定型発達とは、自己言及パラドクスが社会生活に支障がない程度にまで緩和されている状態であると言えるでしょう。したがって、社会生活に支障がないのはどの程度かが社会や時代によって異なる以上、定型発達とは常数（constant）ではなく変数（variable）と考えるべきです。あえて言えば、自閉症の方が常数なのかもしれません。なぜなら、現時点の知見が正しければ、自閉症者の方がどちらかと言うと、脳機能のあり方から直接的影響を受けがちだからです。もちろん、自閉症者も時代と社会の中で生きるのですから、変数的にならざるをえないのですが。ともあれ、このように考えてくると「自閉文化」は、確かに社会と時代によって現れ方が様々であっても、その根底に共通してパラドキシカルな特徴を持っているのではないかと思われます。

社会学者ニコラス・ルーマンが提唱したシステム理論において、「脱パラドクス化」という用語があります（石井 2018を参照）。近代社会において人間は、それ以前のように、神のような超越的な外部から制御されるのではなく、自縄自縛するように自らを統御しなくてはなりません。ですが、自分で自分を縛るという振る舞いは矛盾しています。それゆえ、とりわけ近代社会のようなシステムには原理的に自己言及のパラドクスが組み込まれており、そのことが、社会システムの困難と可能性の両方を生み出すのです。ですが実際にシステムが適切に作動するためには、そのパラドクスが隠蔽され続けている必要があります。これはパラドクスを消滅させることではないため、ルーマンはあえて「脱パラドクス化」と名づけました。

本書の文脈で言えば、「脱パラドクス化」された社会とは、定型発達中心の社会です。それはあくまで、パラドクスから一時的に「脱」している状態なのであって、パラドクスの解消ではありません。定型発達中心の社会の背後に、原理的に解決不可能な自己言及パラドクスがあること。脱パラドクス化のやり方は定型的な一つだけではないこと。常数としての「自閉文化」はそのことを指し示しているように思います。

奇想のリアリズム

本書の冒頭で伊藤若冲の「奇想」と呼ばれる絵を取り上げました。しかし、奇想と言っても、若冲は別に奇を衒《てら》ったわけではなく、自分の絵を次のように考えていました。狩野派や中国絵画など先行の作品をいろいろ学んだが、自分は対象を直接に描きたい。ところが、今まで画題となってきた中国の歴史上の文人たちはここにいない。そもそも日本人の姿は描きたくないので結局、人物よりも動植物、目の前の庭にいる鶏を描くことにする（梅原 2016:24）。これはある意味で、とても頑なな態度です。日本の多くの画家たちが中国の文人や風景を心で描いてきた伝統からすれば、そう言わざるをえないでしょう。

しかし自閉症者には「みえないものはないのと同じ」という傾向があると言われます（内海 2015:268）。自閉症者にとって世間や社会がピンと来ない原因の一つは、おそらくこの点にあるのでしょう。世間は目に見えないのですから。

若冲の主張はいわば字義通りのリアリズムです。ですが江戸期リアリズムの正統である円山応挙の立場からすれば若冲は「奇想の画家」にすぎません。そう見えてしまうのは、私たちが歴史的に正統なリアリズムの眼差しを深く内面化しているからですが、もしリアリズムが時と場所によって異なる変数だとすれば、どうでしょうか。

安岡章太郎は、「科学的な正確さ」を示す円山応挙の写生が「本当に〝物〟を見てかいたといえるかどうかはわからない」と言います。それは「〝物〟からはなれて概念的な知識にたよった正確さであるかも知れないから」です（安岡 2016:61）。マニエリスムとも見える若冲は実は、応挙とは別次元のリアリズムを指し示していたのではないでしょうか。そしてそれが現代人の目にはリアリティを持って映っているのではないでしょうか。

以上、本書で様々な題材を用いて変奏を繰り返してきた主題はシンプルです。それは、奇想と正統、変数と常数が、隣り合う双子のように絶えず反転し合う関係にあるということです。人々はそのありように翻弄され困惑しがちですが、時にはそれが、地と図が反転するだまし絵のように驚きと笑いをもたらしてくれる時もあるのです。

第16章　笑いのワンダーランド――二つの世界

隔たりの笑い

私たちの子どもの一人は軽度の知的障害を伴う自閉症です。時期と状況に応じて、こわく感じる対象は様々に変化してきましたが、最近は「おみやげがこわい」と言っています。学校行事で泊まりがけの旅行に行く機会があるのですが、その際に、自分が家におみやげを買って帰るのがこわいと言います。それとは別に「プレゼントがこわい」というのもあります。学校の謝恩会などで後輩から卒業生に対してささやかなプレゼントをする慣習がありますが、自分が卒業生としてプレゼントをもらうのがこわいのです。

なぜこわいのか、本人に聞いてもなかなか聞き手に分かりやすく説明してはくれません。ですが推測してみると、他者と突発的にコミュニケーションを交わすことへの不安が背後にあるように思えます。コミュニケーションの手段と言えば言葉が代表格ですが、物を贈る・受け取るというのもコミュニケーションです。お中元やお歳暮が典型例でしょう。

考えてみれば確かに、物のやりとりは微妙な行為です。よかれと思って高価な品物を贈ったりすると、それがたとえ感謝の印だったとしても、受け取った側が困惑する場合もあります。また、お返しとして品物を贈り返す際にも、あまりに早く贈ると、一種の嫌みとして誤解されかねません。言葉のやりとりとは別種の難しさが、物のやりとりという即物的なコミュニケーションにはつきまとうようです。既述のように被影響性が高い自閉症者にとっては、それはこわいことなのかもしれません。

被影響性が引き起こす恐怖と言えば、マニエリスムの人々の振る舞いを思い起こします。既述したような、日中も自室のカーテンを閉めて暮らしたり、そもそも窓のない部屋をつくる営みなどは、外界からの予想外の刺激や情報の侵入に対する防波堤の建設と言えるでしょう。当人たちは大まじめだったでしょうが、周りから見ればそのような振る舞いは滑稽に見えたかもしれません。

趣旨も文脈も異なるのですが、「おみやげこわい」や「プレゼントこわい」で私が連想するのは、落語の演目の一つ「まんじゅうこわい」です。もちろん落語では、本当にまんじゅうがこわいわけではなく、策略としての嘘なのですが、およそ誰もこわがるはずがない対象だからこそ笑いを生み出すわけです。そこには様々な隔たり、ギャップがあります。まんじゅうと恐怖のギャップ、こわがる当事者とそれを面白がる周囲の人々のギャップなど。

この種の隔たりは、落語の場合は観客として笑っていられるのですが、自閉症者の家族としては、そうたやすく笑うわけにもいきません。実際、おみやげやプレゼントを断固拒否するとなると、社会生活上で困った場面が生じかねないからです。言葉のやりとりとともに物のやりとりも、少なくともこの社会では不可欠な営みです。そのようなやりとりが重視されない別世界はありうるでしょうか。

自閉症者が異星人にたとえられることがありますが、このたとえが意味するのは、同じ時空間にいながら別の世界の論理で生きているかのように思えるからでしょう。グランディンは自らを、たった一人地球へやってきた「火星の人類学者」のように感じていました。そのイメージに従えば、この宇宙に世界は複数存在するのです。ですが多くの人は、そのことに気づかずに暮らしています。

二つの世界

中村昇は『落語――哲学』という本の冒頭で「二つの世界」について論じています。西洋哲学では長い間、二世界説が支持されてきましたが、それによれば世界は、「イデア界（理想の世界）」と「現実界（ありのままの世界）」でできあがっています。イデア界は完全であり、例えば「完全な三角形」が存在するような世界です。つまりそこでは、直線には幅はなく、点には大きさがありません。それに対して現実界には、完全なるものは存在しません。つまり、直線には幅があり、点には大きさがありますす。ここにアキレスと亀のパラドクスが入り込む余地があるわけですが、私たちは否応なく不完全な現実界に生きています。にもかかわらずイデア界を「想起」しようと試みる営みが哲学です（中村

2018:5-6)。哲学によって辛うじて、二つの世界は橋渡しの可能性を見出すのです。

もちろん、イデア界など本当は存在せず、不完全な現実界だけが存在すると主張して、この厳然たる真実を受け入れるべきだという立場もありえますが、中村はそのような立場をとりません。そんな「砂漠のような状態」に人は耐えられないからこそイデア界が必要であり、二つの世界の橋渡しが重要と考えます（中村 2018:8）。

中村によれば、落語も哲学と同様に「二世界」の間で成り立っています。寄席を訪れる客はもちろん現実界で生活しているのですが、落語家が差し出す枕を媒介にして「「噺」というイデア界」へと誘われます（中村 2018:8,9）。そしてその世界には、独特の登場人物たちが住んでいます。それらの人物たちは、「不思議の国」の住人や妖精の仲間なのかもしれません。

そう考えれば、歴史上の哲学者の中に落語の登場人物のような人がいたとしても不思議ではありません。『落語――哲学』の中で何度も登場する哲学者がいます。それはルートヴィヒ・ウィトゲンシュタイン（一八八九～一九五一）です（中村 2018:25,66,95,101,172）。例えば、友人夫妻と散歩しながら天体の運行が話題となった際にウィトゲンシュタインは、自分たちで太陽・地球・月の動きを真似してみようと提案しました。彼自身が一番動きの大変な月の役を務めましたが、嬉々としていつまでも続け、友人夫妻がへたばってしまったというエピソードが紹介されています（中村 2018:25）。ウィトゲンシュタインは機械的に繰り返される天体の運行に魅了され、自ら天体になりたいと思ったわけです。ウィトゲンシュタインについては近年、自閉症的だったのではないかという説があります（竹中

2012:240)。そう推測されるに至ったのは、孤独な奇人として知られた彼の伝記的事実だけではなく、彼の哲学的思考自体がまるで「火星の人類学者」が地球人の思考と行動を観察しているような趣があるからです。例えば彼は色彩について考える際、色覚異常者が人口の大部分を占める世界で正常視覚者が少数派として生きているという設定を考えます(中村 2018:101)。中村はこの設定を、落語「一眼国」を論じる際に用いています。このようにウィトゲンシュタインの思考と行動には、二つの世界の隔たりを橋渡しする落語にも通じる笑いの要素があります。

与太郎のワンダーランド

落語の登場人物で最も有名なのは与太郎でしょう。与太郎が主人公の落語「孝行糖」について、『自閉症の子を持って』の著者・武部隆は、与太郎の特徴や行動が自閉症者の「典型的パターン」を示していると述べています(武部 2005:15)。例えば与太郎は、飴の行商の難しい口上をすぐに覚えてしまう「単純記憶」の強さを示し、怠けることを知りません。ですが他方で、気位の高い大名藩邸の前では静かにしなければならないという当時の社会常識を知らず、藩邸の武士に制止されても飴売りの口上を止めないというこだわりを発揮します。それらが相まって、この落語の笑いを生み出しているのです(武部 2005:16)。

同じく与太郎が登場する「大工調べ」では、家賃を滞納した大工の与太郎が、強欲な大家に大工道具箱を家賃代わりとして取り上げられます。それを取り戻すべく与太郎は、親切な棟梁から知恵を授かり、大家に対して下手に出ることで懐柔しようとします。ところが与太郎は、棟梁との内密の画策の様子をそのまま大家の前でも話してしまい、大家の怒りを買って大騒ぎとなります。つまり、与太郎と棟梁の間で交わした秘密の「楽屋ばなし」を文字通りそのまま、与太郎と大家の間の表舞台で話してしまったわけです（興津 2004:84）。

与太郎が大家と対面する場面では、棟梁と与太郎が画策した裏話は彼の頭の中に留め、外に出すべきではありませんでしたが、与太郎はそのような内と外の奥行きを設定せずに、すべてを平面上に均等に配置してしまいました。それはどこか、若冲の絵画を思わせます。美術史家の目には、若冲画がどんなに超絶技巧を駆使していても「プリミティヴというか、ある意味アウトサイダー・アートに近い」と感じられるのは示唆的です（辻・太田 2016:28）。奥行きのないマンネリズムぎりぎりのマニエリスム、それが与太郎の笑いです。

ただし、マニエリスム絵画が鑑賞者に何とも言えない不安感を与えるように、一見無垢に思える与太郎の笑いにも、人々に不安をもたらす側面があるのかもしれません。藤山直樹は『落語の国の精神分析』所収の「与太郎とは誰か」の中で、与太郎というキャラクターには「知的障害、父性の欠如、社会的ひきこもり」といった「複数の精神医学的問題が暗示されている」と論じています（藤山 2012:132）。与太郎は、常にではありませんが、人々の前に笑いという形で現れた「人間の自然」であり「異物」なのです（藤山 2012:136）。「人間の自然」とは、「人間が言葉というものをもてないときに生じる、この世とのあいだの暗く深く大きな裂け目」のことです（藤山 2012:131）。精神分析家である藤山は次のように言います。「職業柄経験するのは、知的な障害や精神病をもつ人たちが私たちにもたらす異物感、了解不能性、ある種の不安や困難の感覚は想像以上のものだということである。その強度を否認してごまかしていてはいい臨床はできない。嘘になってしまうからである。もちろんそれに圧倒されてもだめである。私たちの仕事はそのあいだで生き続けることである」（藤山 2012:138）。「あいだで生き続けること」は、精神分析家に限らず自閉症者にとっても大きな課題ではないでしょうか。現代日本において突如、伊藤若冲が想定外の新たな文化的英雄として熱い眼差しを向けられたことを思えば、与太郎的な人物像が今までにない形の親近感をもって迎え入れられる可能性もあるのかもしれません。もっとも、そのような人物たちはこの現実世界の中でジグソー・パズルのピースのようにぴったりはまることなく、はみ出し続けることでしょう。しかしながら、もし世界が「二つの世界」でできているのならば、どこかの狭間にそのような人たちの居場所があるはずです。ただそれは誰の目にもすぐ見える場所ではなく、ワンダーランドへの橋渡しができて初めて見えてくる場所なのです。私たちはそのための「うさぎ穴」を探し始めるべきではないでしょうか。

第17章　自閉症から認知症へ——プロセスと崩れ

自閉症と認知症

前章では落語の笑いについて、自閉症者の生き方とつなげる可能性について思い切って論じてみました。そういう目線で、今日に至るまでの日本の様々な笑いを眺めてみると、その中には、認知症のある高齢者の振る舞いを笑いの素材としている場合もあるようです。古典落語にそういう人物があまり登場しないのは、落語が生まれた時代は未だ高齢化社会ではなかったので、認知症になるほど長生きをする人が少なかったからでしょう。「老人性痴呆」と呼ばれていた状態が「認知症」と名称変更になったのは、自閉症に対する専門家や世間の認識が大きく変化した時期と同じ頃でした。

言うまでもないことですが、自閉症にせよ認知症にせよ、いわゆる「上から目線」で笑いの対象にすることは現代という時代には合いません。ですが、困惑や共感の笑いまで排除する必要はないのではないかとも思います。私たちは現在、認知症のある親と同居していますが、実際、家族としては、いろいろな意味で笑う他ないような状況に直面する毎日を過ごしているからです。

自閉症と認知症は当然ながら、原因もメカニズムも含めてまったく別の状態です。ですが近年、例えば鈴木大介『「脳コワさん」支援ガイド』（二〇二〇年刊）のように、医学的な診断や分類に囚われずに、脳をめぐる困りごとという広い視点で対処と支援を考えるアプローチが注目されています。そのように考えれば、自閉症と認知症を横並びにして考えることも可能ではないでしょうか。

宮岡等・内山登紀夫の対談『大人の発達障害ってそういうことだったのか　その後』では、外因・内因・心因という従来の精神医学の発想法によっては発達障害がうまく位置づけにくいと指摘した上で、自閉症スペクトラムの人が抱える「脆弱性」について、内山が「僕は認知症に近いと思っています。症状も対応も認知症に似ています」と発言し、それを承けて宮岡は「そうなんですよね！　対応は認知症のBPSD（認知症の行動・心理症状―引用者注）に一番近いかもしれません」と賛同しています（宮岡・内山 2018:41）。

今後、このような論点を慎重に検討していくべきだと思いますが、ここではとりあえず、自閉症と認知症の共通性に着目しようとする観点が、何か新しい可能性を生み出すかもしれないという期待を述べておくに留めます。とは言うものの、本書で紹介してきた議論の中にも、自閉症と認知症を合わせて見る立場の萌芽を見出せると思います。

例えば、上野千鶴子の「おひとりさま」論は言うまでもなく高齢化社会のあり方と深く関わっており、認知症の問題と無縁ではありません。さらに、私にとって意外なことに、自閉症的なキャラクターが多く登場するライトノベルについて調べている時に図らずも認知症について思い至る機会がありました。本書の最後に、補論としてこのことを取り上げたいと思います。

本書でも既に論じたように自閉症とラノベを横並びにして読み続けていた際に、一つの作品に行き当たりました。それが本田誠『空色パンデミック』です。その設定は次のようなものです。

近未来、世界中に「特発性大脳覚醒病」、通称「空想病」が蔓延します。発作を起こすと、自ら「変身ヒーローや伝説の勇者、悪の大王」になりきってしまう感染症です。発作を終息させるには、「周囲の人間が罹患者の思い描く空想世界に見合ったキャラクターを演じ、その物語に一通りの結末をつけ」る必要があります（本田 2010b:153,154）。各国に空想病専門の公的機関が設置されているのですが、治療法は未だ見出されていないので、空想病の発作が完結するまで、周りも一緒になって物語を演じ切るという対策が採られ、発作の物語に巻き込まれた人には政府から「出演料」が出され、「役者《キャスト》」と呼ばれるプロも存在します（本田 2010a:28,29）。

物語の語り手であり主人公である男子高校生は、空想病患者の女子高校生と出会い、彼女が発作を起こす度に相手役を演じます。ここで私が連想したのは自閉症よりも認知症でした。認知症介護の書物では、ある種の認知症特有の幻視に対処する手法が示されていますが、その一つが本作を彷彿とさせたからです。

それによれば、認知症者の幻視をいたずらに否定するのではなく、その幻視があたかも実在するかのように介護者の方も前提しつつ、当事者に寄り添っていく必要が強調されています（三好 2012:171）。また、もし自分が誰か他人（例えば当事者の孫）と間違えられているのならば、その間違いを無闇に正そうとするのではなく、その人の役になったつもりで会話を楽しむくらいの余裕が必要だと助言が記されています（三好 2012:173）。

小澤勲はその認知症論の中で、雨宮克彦から引用して次のように書いています。

「彼らは理屈、損得、矛盾のない虚構の世界を生きており、これを現実の理屈世界に引き戻そうとするとかえって不安定になるから、スタッフは俳優のように、この虚構の世界のなかに入り込んでケアした方が、彼らは生き生きと穏やかな暮らしができる。」（小澤 2005:67,68）

認知症者の場合、ないものが見えるのに対して、自閉症者の場合、見えないものはない、という風に状況が逆なわけですが、当事者に見えていることをできるだけ尊重しようという点で、両方の支援の発想には共通性があるように思えます。

虚構の世界の認容

認知症については社会学でも様々に論じられてきましたが、その際よく言及されるのが上記の小澤勲の著作です（出口 2006、天田 2015 など）。

小澤は「虚構の世界」の重要性を主張しました。医学界の一部からは小澤の姿勢に疑念が出され、彼の著作を「文学作品」にすぎないと批判する向きもあったようですが、「虚構の世界」の主張は、認知症者の妄想を小澤がどう理解したかと密接な関係にあると思います。

認知症者の妄想などの「周辺症状」（先述した認知症の行動・心理症状、ＢＰＳＤ）は、記憶障害などの「中核症状」から不可避的に生じると、以前は理解されていました。ですが近年、それは不可避ではなく、本人を取り巻く状況や社会関係が適切な形に変われば、「周辺症状」は必ずしも表れないと考えられています。ここでも障害は、当事者と環境とのインターフェイスで生じているのです。その意味で、「周辺」という表現も最近はあまり使われなくなってきたようです。

小澤はいち早く、「中核症状からいかなる過程を経て周辺症状が生成されるのか」という過程と生成のメカニズムに注目しました（小澤 1998:11,13）。認知症者は、認知症の中核症状のせいで、現実の自分とうまく折り合いがつけられません。それでも無理矢理に自己同一性を維持しようとすれば、妄想を形成する他ないのです。つまり妄想は「精神病理現象であると同時に、新たな生き方の発見でもある」のです（小澤 2003:181、小澤 1998:206 も参照）。「現実では解決困難な事態に無理矢理「意味」や秩序を求めようとすれば、妄想に行き着くほかないのである」と小澤は記しています（小澤 2005:170）。「意味」を無理矢理に求めることへの警戒を語る小澤の立ち位置は、ノンセンスの領域に近づいていないでしょうか。

「人は、この不安定で不安に満ち、混乱した状態に長くとどまることには耐えられないのです。ところが「世界の仕組みも何もかも、すべてわかった！」と感じて、幻覚や妄想が出現すると、かえって

こころが少し安定するのです。」（小澤 2006:12）

妄想が（虚構とはいえ）確固とした世界になる際に、「病態失認」と呼ばれるメカニズムが重要な役割を果たします。大事な物を自分が隠し置いた場所を、短期記憶の障害（「記憶保持の時間的短縮」）のせいで忘れたとしましょう。こういう健忘は加齢に伴って当然ありえますが、認知症の場合、さらに、忘れたこと自体を忘れてしまうことがあります。これが「病態失認」で、言い換えれば「メタ記憶（自分が何を知っており、何を知っていないかについての記憶）の障害」です（小澤 1998:159）。〈何かを知らないのは、もしかすると自分が忘れたからかもしれない〉という風に自己言及的に事態に対処することが難しくなってしまうのです。

メタ記憶の障害のゆえに、物を隠した記憶がないことは、隠してはいないこととイコールになり、したがって、物が盗まれたことが〈事実〉となってしまいます。このようにメタ記憶を扱う「知的な人格」が衰える一方で、「感情的な人格」は衰えません。それゆえ、盗難という〈事実〉を、感情的に深く結びついた特定の他者に結びつけてしまうことになります（小澤 1998:231）。結果的に、その物は特定の近親者によって盗まれたと考えるのが唯一のありうる推論となります。こうして、周辺症状としての「もの盗られ妄想」が成立します。

ですがこれは、教室で物がなくなった際に、学級内で弱い立場の生徒が盗んだと濡れ衣を着せるのとは次元が異なります。この場合の認知症者にとって、盗まれたというのは、そうかもしれないという可能性の問題ではなく、太陽が東から昇るのと同じくらい自明の推論の結果です。したがって、もしその物が自分の鞄から出てきたとしたら、それは、太陽が西から昇るのを目撃したかのような衝撃であり、心の混乱を引き起こすかもしれません。

そしてその際でも、メタ記憶の喪失ゆえに、自己言及的に思考することができないため、自分が鞄に入れ忘れたかもしれないという思考の選択肢は存在しません。たとえ自分の鞄に入れる場面の画像を撮っておいて、それを後から見たとしても、それが、今の自分と同一であるというメタ記憶がなければ、その画像は無意味でしょう。自分が間違っているかもしれないと思えるためには、自分を上空から眺め下ろすようなメタ水準が必要なのです。

ちなみに、自己言及のパラドクスは、メタ水準がないことによって成立します。発言者自身が、その人の発言の対象になっていることがパラドクスの原因です。つまり、発言者が自らの発言に対してメタ水準に位置づけられていないのが問題なのです。したがって、クレタ人以外の人が「クレタ人は嘘つきだ」と言ってもパラドクスは生じません。認知症者が、忘れたことを自ら忘れる時、メタ水準はうまく機能していないと思われます。

このようなメタ水準なき「虚構の世界」を一概に否定せず認めることによって、認知症ケアはうまく行くと小澤は主張します。「もしこの世が、その片隅にであっても、世の価値観から離脱した「虚構の世界」をそっと認容できるようになれば、認知症を病む人たちも、彼らとともに生きている人たちも、もっと心安らかに生きていけるはずである」（小澤 2005:194）。

現実と異界

小澤は小説家・田口ランディとの対談において、田口の小説が、現実の世界と「現実の規範にのっとらない異界」を両方とも斬り捨てることなく、両者を「行きつ戻りつ」していると指摘した上で、認知症ケアにおいても、現実の世界と「現世の秩序や規範から離れた世界」とを同等に見据えることが必要だと語っています（小澤×田口 2006:32,33）。

ラノベにおいても、現実と異界の往還は頻出テーマです。ただ、異世界召喚ものの多くでは、異界が現実から明確に分離しています。それに対して、認知症者にとっての異界である妄想は、「もの盗られ」のように、現実とスペクトラム的につながっています（小澤 1998:65）。その点で認知症の妄想は統合失調症の妄想と異なります。どちらかと言うと、統合失調症の妄想が現実から断絶しているのに対して、認知症の妄想は現実から「直線的に導き出される」のです（小澤 2003:89）。小澤はこの側面を重視したために、認知症中期よりも初期の、現実との関わりが深い妄想の方に関心を向けていました（小澤 1998:50）。

このように現実と異界が分離されず二重写しであるという設定を用いているラノベが、上遠野《かどの》浩平『ブギーポップ』シリーズです。本作は、普通の高校生たちが、世界とその敵をめぐって人知を超えた存在たちの間で続く戦いに容赦なく巻き込まれる物語です。

多くの異世界召喚ラノベとは異なる『ブギーポップ』の特徴は、登場人物の誰一人として、二つの世界の全貌や秘密を把握していないという点にあります。誰もが、部分的情報だけを手がかりに必死に逃げ、あるいは目的が分からないまま戦い続けます。現実には破壊の痕跡だけが残され、人々は意味も分からず呆然と佇むだけです。メタ水準なしの見通しの立たない暗さが、本作の基調をなしています。

「変な感じがする。私が自己紹介したはずの教師が、私のことを忘れているか、あるいはまったく知らないような素振りをした。教室に入ってきて、私と眼が合って、／「誰だ君は?」／と言われたのだ。」（上遠野 2009:91）

「すべては不鮮明なままだが、とりあえず私はこの状況のことをこれから〈スキャッターブレイン〉と呼ぶことにする。名前でも付けて、とにかくこの私の不安定な気持ちを少しは落ち着かせたいからだが、それだけではない。この訳のわからない、同じことを繰り返させられているような閉じこめられた感覚全体をひとつの名で呼んで〝敵〟だと考えないと、私は一歩も先に進めないと思うからだ。」（上遠野 2009:93）

認知症者が置かれている状況にも、似たような点があるのではないでしょうか。自分を取り巻く不安定な状況のせいで結果的に妄想や幻覚がつくりだされ、現実と妄想との間に起こる耐え難い摩擦から「周辺症状（ＢＰＳＤ）」が生じてしまうことがあります。「激しい攻撃性によってこの不安と寂しさを覆い隠そう」としてしまうのです（小澤 1998:64）。その攻撃性が図らずも、周りにいる人々や介護する家族へ向けられることもしばしばです。

しかしながら小澤は、皆がともに生きる日常に引き寄せて認知症者を理解しようとします。「わからない世界に戸惑い」ながらも、何とか適応して生きていく境地にまで到達した認知症者は、「人間にとって不要なもの、後から付け加わったものがどんどん削ぎ落とされて、最後に「これは人間のいちばん根底にあるものだ」という感じで生きておられる」と小澤は評しています。それは「周囲の人たちにうまく支えられて到達した澄明な境地」なのです（小澤×田口 2006:28、小澤 1998:245 も参照）。

小澤は認知症の彼方に「澄明な境地」を見ようとします。たとえそれがどんなに困難だとしても。それは「人間のいちばん根底にあるもの」であるとともに、「虚構の世界」における「新たな生き方の発見」でもあります。このような見方が可能なのは、認知症の多くが人生の後半に生じるからなのかもしれません。ですが言うまでもなく、小澤は「澄明な境地」を傍観者的に理想化して感動しているわけではありません。あくまで現場の人として、冷徹さの中で優しい眼差しを向けているのです。

プロセスと崩れ

小澤はそもそも、自閉症に関する医学界の常識に対して舌鋒鋭い根底的批判を展開する論者として登場しました。ところが、ある時期以降、彼の関心は認知症へ移行します。その移行については、「必然性は何もありません。自分で選択したわけでもありません。」と彼は語っています（小澤×滝川

2006:89）。

ですが、自閉症は人生の早期に生じるために、どうしても自閉症者の方が現実世界に妥協せざるをえない現状が続いてきました。他方で認知症の場合、人生確立後に生じ、さらに進行性であることも相まって、周りの人々の方がたとえしぶしぶであっても認知症者の「虚構の世界」を「認容」しようという姿勢をつくりやすかったのではないでしょうか。小澤との対談で、自閉症と取り組んできた滝川一廣が「そのプロセスの問題が発達障害の方にはあるだろうと思いますね。認知症の方は、いちおうそれを全部クリアして社会人として生きてきて、今度はそれが崩れていく問題です。」と指摘するのを承けて小澤は、「認知症の人は一度「できあがった」人です。家族の方は、かつての像を一度崩さなければならないんです。」と応じています（小澤×滝川 2006:84,85）。

なぜ小澤は自閉症から認知症へと向かっていったのでしょうか。それは学問的な関心の転換などではなく、社会のあり方と深く関わっているように思われます。現在の社会状況下で自閉症者は、プロセス的な苦闘の中で「澄明な境地」を目指すのが容易ではありません。そのような自閉症者をめぐる社会的現実への失望が小澤の転身の根底にあって、この失望が一層、認知症という崩れの後に訪れる「異界」の「澄明な境地」を尊重しようとする姿勢を彼にとらせたのではないでしょうか。

あらかじめ存在しないものをつくりあげていくプロセスか、それとも、既にできあがったものが崩れていく現実をどう受けとめていくか。どちらかと言うと自閉症者の方がオープニングスタッフ的な課題に直面しているのかもしれません。

また、このような自閉症と認知症の違いは家族のあり方にも違いをもたらすでしょう。ですがそれでもなお、認知症者家族が「かつての像を一度崩さなければならない」時、自閉症者家族の立場と何かしら近づくことになるのではないかと思います。そこに両者の対話の可能性があります。もちろん両者は異なりますが、立場が異なるからこそ生産的対話が成り立つ場合もありうるでしょう。

冒頭の『空色パンデミック』は、空想病患者本人ではなく、その友人や家族の立場からの物語ですが、そこには一つの隠された設定があります。つまり、語り手である男性主人公自身が実は空想病感染者かもしれないという可能性が最後まで排除できないのです。ある箇所で彼は、太陽が西から昇ったと書いていています（本田 2010a:282）。つまり、語り手のメタ水準についての保証が実はこの小説内には存在しません。そう考えれば、「役者」を演じているつもりの友人や家族の人生もまた「虚構の世界」の中にあり、自らの像の崩れに向き合わなくてはならないのです。

何十年か先、自閉症者の一部は認知症になるでしょう。そしてその妄想や幻覚にラノベ的キャラクターが登場し、ロール・プレイング・ゲームのクエスト（クリアすべき課題）のように、記憶という聖杯を求めて「徘徊」する者が路上に現れるかもしれません。そのありようは、亀に追いつこうとしてひたすら走るものの、有限の時間内では決して追いつけないアキレスや、決着のつかない競争に没頭する「不思議の国」の住人たちに似ていないでしょうか。私たちはそれらの姿を見て、笑っていいのでしょうか、それとも嘆くべきなのでしょうか。そのような未来図は必ずしも空想ではないのです。

新しい風景へ

熊谷晋一郎は『当事者研究――等身大の〈わたし〉の発見と回復』の末尾で、「共感されず否定された妄想は固くなる」が、当事者研究を通じて、他者たちによって独特な形で共感され、なおかつ「現実のレイヤー」と「妄想のレイヤー」を適切に分離できるようになった場合には、妄想自体が「**柔らかく、対話や変化が可能な何か**」になりうると記しています（熊谷 2020:215）。

その上で熊谷は次のように言います。「このように考えると、専門家や多数派もまた、妄想とは無関係でいられないとわかる。統合失調症の人の妄想を変えられない、という妄想をもっている精神科医や、妄想をもっている人は危ないという妄想をもって過度に恐れる多数派も、当事者研究によってその恐怖心に共感されつつも現実のレイヤーを立ち上げる必要があるだろう」（熊谷 2020:215）。

ここにも、メタ水準をどうつくりあげるか、自己言及のパラドクスをどうやってよく生きるかというテーマが垣間見えていると思いますが、いかがでしょうか。『空色パンデミック』の男性主人公が、自らが空想病患者ではないことを自らに対して証明するのは、存外に難しいのです。

自閉症が近年、スペクトラムとして捉えられるようになったことは本書で何度も取り上げてきましたが、認知症も、そのような用語は使わないものの、スペクトラム的に把握されるようになってきているると思います。例えば最近、「軽度認知障害」という概念が登場してきましたが、これによって、人が認知症になるまでのイメージは連続的で緩やかな曲線として描かれるようになりました。

ただし、自閉症のスペクトラムが、同じ時と場所に生きている人たちの間で自閉症の程度が連続的に異なっているという風に、空間的であるのに対して、認知症のスペクトラムは、年齢を重ねるにつれて認知症の程度が変化するという風に、時間的であるという違いはあります。しかし両方とも、既存の社会がカテゴリー分けを好むこと、そして、自己言及のパラドクスが解決済みの問題であるかのように思い込んでいることに対して疑問符を投げかける試みなのです。「不思議の国」の住人ならば、この社会のあり方に対してどんな不満を並べ立てるでしょうか。

ルイス・キャロルすなわちチャールズ・ドジソンは『アリス』を書くより以前に、「一日はどこから始まるか」という問題、別名「半球問題」を提起しました（ウィルソン 2009:40）。自転する地球の半分には、常に陽が当たっています。今ロンドンが火曜日の朝だとしましょう。それから東に向かってちょうど二四時間かけて地球を一周したとすると、ロンドンの水曜日の朝にたどり着きます。それではいつどこで火曜日が水曜日に変わったのでしょうか。

ドジソンはこの難問を何年も考えましたが、満足な解答は得られなかったそうです。そして『アリス』二作が刊行された後、一八八四年に国際日付変更線が制定されることで初めてこの難問は解決しました。ここにも、カテゴリーとスペクトラムの問題を読みとることが可能ですし、地球を一周して再びロンドンへ戻ってくるという設定に自己言及の雰囲気があります。

現代日本で最も知られた自閉症者の一人、東田直樹の日々を描いたテレビドキュメンタリーの中で、彼が認知症の祖母と交流する場面がありました。大変興味深い映像でしたが、このような共在は今後、当たり前の風景となっていくのでしょう。そこには、定型発達の〈健常者〉の視点から二人を見る従来の立場だけではなく、自閉症者と認知症者がお互いを見る、あるいは、自閉症者や認知症者の視点から定型発達の〈健常者〉を見るという視点が見出せないでしょうか。アリスは「不思議の国」ではマイノリティだったのです。それは、二一世紀になって広く知られるようになった二つの障害をめぐって、新たな社会性が生まれる可能性を秘めた風景であることを期待したいと思います。

バートランド・ラッセルとも因縁浅からぬ関係にあり、自閉症的傾向があったと思われる哲学者ルートヴィヒ・ウィトゲンシュタインは、ある時期、深遠な哲学研究から離れて、子どもたちを教える教師になろうと決意し、実行しました。それについて彼の姉は「木箱を開けるために精密機械を使っているように思える」という困惑を弟へ伝えました。彼ほどの能力があれば、それに相応しい職に就けばよいのにと考えたのです。それに対して彼は次のように答えました。「お姉さんの話で、閉じた窓の外をみて通行者の奇妙な動きを説明できないでいる人を連想するよ。彼は多分外がどれほどの嵐であるか知らない。そしてその歩行者が精一杯努力して立っていることも知らない」と(フィッツジェラルド 2008:197)。

本書に登場した人物たちは皆、自閉症かどうかにかかわらず、何らかの意味で嵐の中の歩行者だったのではないでしょうか。その姿は時に英雄的であり、時に滑稽でした。木箱を開けるために精密機械を使おうとするのと同様に。それは、文字通り真摯に振る舞えば振る舞うほどノンセンスとパラドクスへ陥る人生でしたが、同時に、未聞の輝きを放つ瞬間もあったのです。

そして現在、木箱を開けるためにコンピュータを使用するのが不思議ではない社会が到来しつつあります。とともに、IT化進展の最中、自閉症的な人々は新しい時間と空間を見出しつつあるようです。ネット世界は一面では危険な場所ですが、一面では「不思議の国」でもあります。そこには、奇妙で魅力的なキャラクターたちが既に住んでいますし、これからも増えていくことでしょう。現代のアリスたちは日々、「不思議の国」のキャラクターたちと出会い続けているのです。時に呆れ、憤り、困惑しながらも。

言うまでもなく本書が取り上げたのはすべて、結果的に世に認められるようになった文化事例です。ですが、そうならなかった事例が無数にあったはずですし、今もつくられているはずです。例えば、物事を深く探究しようとする人の中には、自閉症的傾向を持つ人も少なくないと思われます。そのような人々が、ハイでもポピュラーでもない文化を営々と生み出し続けているのだと思えば、本書で取り上げたのは、そのような大きな海にちりばめられた島々の一部にすぎないのでしょう。

私事ですが、不登校のため高校時代を六年間過ごしました。その前後一年半は京都の病院に入院していました。後年、京都の職業訓練校で一年学び、清水焼の陶工として三年半暮らしました。そのような思い出のある京都の出版社から上梓させていただくことは感慨深いです。最後になりましたが、編集の中川大一さんには『自閉症の社会学——もう一つのコミュニケーション論』の際と同様、大変お世話になりました。お礼申し上げます。

二〇二二年一二月

竹中　均

第10章は『at プラス——思想と活動』三〇号（二〇一六年、太田出版）所収の拙稿「グールド・サイード・自閉症」、第13章は『社会学年誌』五七号（二〇一六年、早稲田社会学会）所収の拙稿「「おひとりさま」と「経験」——自閉症者の孤独について」をもとにしています。また、第17章は『ソシオロジ』一八九号（二〇一七年、社会学研究会）所収の拙稿「自閉症・認知症・ライトノベル」を一部加筆して掲載しました。その他の章は今回初めて発表するものです。

リック・サティの世界』第47巻第18号、青土社、2015年所収
由良君美「伊藤若冲の夢を孕む《物たち》の世界」、澁澤龍彥他『若冲』河出書房新社、2016年所収
横道誠『みんな水の中——「発達障害」自助グループの文学研究者はどんな世界に棲んでいるか』医学書院、2021年
吉田友子『高機能自閉症・アスペルガー症候群——「その子らしさ」を生かす子育て』中央法規出版、2003年
米田衆介『アスペルガーの人はなぜ生きづらいのか？——大人の発達障害を考える』講談社、2011年
アーシュラ・K・ル゠グウィン著、谷垣暁美訳『いまファンタジーにできること』河出書房新社、2011年
アンヌ・レエ著、村松潔訳『エリック・サティ』白水社、2004年
連合大学院小児発達学研究科・森則夫・杉山登志郎編『DSM-5対応　神経発達障害のすべて』日本評論社、2014年
ウェンディ・ローソン「社会的関係を理解し楽しむ」、ジュネヴィエーヴ・エドモンズ／ルーク・ベアドン編著、鈴木正子・室﨑育美訳『アスペルガー流人間関係——14人それぞれの経験と工夫』東京書籍、2011年所収
ジョン・P・L・ロバーツ／ギレーヌ・ゲルタン編、宮澤淳一訳『グレン・グールド書簡集』みすず書房、1999年
若桑みどり『マニエリスム芸術論』筑摩書房、1994年
渡辺晋輔「アルチンボルドを読み解く4つのキーワード」、『アルチンボルド展コンセプト・ブック』国立西洋美術館、2017年所収

＊　＊　＊

無署名「伊藤若冲　超絶技巧の「秘密」ハンドBOOK（付録）」、『和樂』第14巻第10号、小学館、2014年所収
無署名「連作『四季』」、『アルチンボルド展コンセプト・ブック』国立西洋美術館、2017年所収

評論社、2004 年
グスタフ・ルネ・ホッケ著、種村季弘・矢川澄子訳『迷宮としての世界――マニエリスム美術（上）』岩波書店、2010 年
グスタフ・ルネ・ホッケ著、種村季弘・矢川澄子訳『迷宮としての世界――マニエリスム美術（下）』岩波書店、2011 年
本田誠『空色パンデミック 1』エンターブレイン、2010 年 a
本田誠『空色パンデミック short stories』エンターブレイン、2010 年 b
松井裕介・田中究「解離性障害・転換性障害」、青木省三・村上伸治編集『専門医のための精神科臨床リュミエール 23　成人期の広汎性発達障害』中山書店、2011 年所収
松岡正剛『観念と革命――西の世界観Ⅱ』KADOKAWA、2019 年
水野薫「第 4 章　高機能自閉症の子どもへの保育・教育　1 幼稚園、保育園、小学校での高機能自閉症の子どもの特徴」、内山登紀夫・水野薫・吉田友子編『高機能自閉症・アスペルガー症候群入門――正しい理解と対応のために』中央法規出版、2002 年所収
宮岡等・内山登紀夫『大人の発達障害ってそういうことだったのか　その後』医学書院、2018 年
宮下規久朗『ウォーホルの芸術―― 20 世紀を映した鏡』光文社、2010 年
三好春樹著、東田勉編集協力『完全図解　新しい認知症ケア　介護編』講談社、2012 年
村上春樹『スプートニクの恋人』講談社、2001 年
村上春樹『1973 年のピンボール』講談社、2004 年
村上春樹『1Q84　BOOK1〈4 月―6 月〉後編』新潮社、2012 年 a
村上春樹『夢を見るために毎朝僕は目覚めるのです――村上春樹インタビュー集　1997-2011』文藝春秋、2012 年 b
村田沙耶香『コンビニ人間』文藝春秋、2018 年
サイ・モンゴメリー著、杉本詠美訳『テンプル・グランディン――自閉症と生きる』汐文社、2015 年
安岡章太郎「物について――日本美的再発見」、澁澤龍彥他『若冲』河出書房新社、2016 年所収
山口真美『発達障害の素顔――脳の発達と視覚形成からのアプローチ』講談社、2016 年
山田うん「音楽　音　点　サティ　星たちの息子」、『ユリイカ　総特集 エ

書房新社、2016年所収
ケヴィン・バザーナ著、サダコ・グエン訳『グレン・グールド――神秘の探訪』白水社、2008年
蓮沼執太×小沼純一「サティは如何に聴かれてきたか――反撥と共感と」、『ユリイカ 総特集 エリック・サティの世界』第47巻第18号、青土社、2015年所収
服部桂「100年の孤独――訳者解説」、B・ジャック・コープランド著、服部桂訳『チューリング――情報時代のパイオニア』NTT出版、2013年所収
サイモン・バロン゠コーエン著、水野薫・鳥居深雪・岡田智訳『自閉症スペクトラム入門――脳・心理から教育・治療までの最新知識』中央法規出版、2011年
東田直樹『自閉症の僕が跳びはねる理由』KADOKAWA、2016年
マイケル・フィッツジェラルド著、石坂好樹・花島綾子・太田多紀訳『アスペルガー症候群の天才たち』星和書店、2008年
マイケル・フィッツジェラルド著、井上敏明監訳、倉光弘己・栗山昭子・林知代訳『天才の秘密――アスペルガー症候群と芸術的独創性』世界思想社、2009年
シルヴィア・フェリーノ゠パグデン著、小野寺玲子訳「アルチンボルド――ハプスブルク宮廷の「プロテウス」」、シルヴィア・フェリーノ゠パグデン／渡辺晋輔責任編集『アルチンボルド展』図録、国立西洋美術館、2017年所収
福本修「「心の理論」仮説と『哲学探究』――アスペルガー症候群［から／を］見たウィトゲンシュタイン」、『imago』第7巻第11号、青土社、1996年所収
藤山直樹『落語の国の精神分析』みすず書房、2012年
ジュリー・ブラウン著、府川由美恵訳『作家たちの秘密――自閉症スペクトラムが創作に与えた影響』東京書籍、2013年
ウタ・フリス著、冨田真紀・清水康夫・鈴木玲子訳『新訂　自閉症の謎を解き明かす』東京書籍、2009年
ウタ・フリス著、神尾陽子監訳、華園力訳『ウタ・フリスの自閉症入門――その世界を理解するために』中央法規出版、2012年
細井勉著・訳『ルイス・キャロル解読――不思議の国の数学ばなし』日本

アラン・タピエ著、遠藤浩子訳「ルドルフ2世の宮廷芸術――その独自性と普遍性」、Bunkamura ザ・ミュージアム編集『神聖ローマ帝国皇帝ルドルフ2世の驚異の世界展』図録、Bunkamura、2017年所収
辻惟雄『若冲』講談社、2015年
辻惟雄「相國寺と伊藤若冲――導いてのち救われて」、澁澤龍彥他『若冲』河出書房新社、2016年所収
辻惟雄『伊藤若冲――よみがえる天才1』筑摩書房、2020年
辻惟雄・太田彩対談「若冲のウラのウラまで明かします」、辻惟雄他『若冲ワンダフルワールド』新潮社、2016年所収
出口泰靖「具体の人、小澤勲」、小澤勲編著『ケアってなんだろう』医学書院、2006年所収
出口泰靖×小澤勲「なんてわかりやすい人たち」、小澤勲編著『ケアってなんだろう』医学書院、2006年所収
アーサー・コナン・ドイル著、延原謙訳『緋色の研究』新潮社、1953年
中島ノブユキ「裏切られない音楽」、『ユリイカ 総特集 エリック・サティの世界』第47巻第18号、青土社、2015年所収
中島万紀子「「パタフィジシアン」としてのエリック・サティ」、『ユリイカ 総特集エリック・サティの世界』第47巻第18号、青土社、2015年所収
中根晃『あなたと君のアスペルガー――普通の子になりたい』秀和システム、2011年
中野春夫「訳者あとがき」、ロバート・J・W・エヴァンズ著、中野春夫訳『魔術の帝国――ルドルフ二世とその世界（下）』筑摩書房、2006年所収
中村昇『落語――哲学』亜紀書房、2018年
ニキ・リンコ／藤家寛子『自閉っ子、こういう風にできてます！』花風社、2004年
日本自閉症スペクトラム学会編『自閉症スペクトラム児・者の理解と支援――医療・教育・福祉・心理・アセスメントの基礎知識』教育出版、2005年
日本精神神経学会（日本語版用語監修）、高橋三郎・大野裕監訳『DSM-5 精神疾患の診断・統計マニュアル』医学書院、2014年
芳賀徹「異郷の日本美術――オクラホマの若冲」、澁澤龍彥他『若冲』河出

宗宮喜代子『ルイス・キャロルの意味論』大修館書店、2001年
サリ・ソルデン著、ニキ・リンコ訳『片づけられない女たち』WAVE出版、2000年
高橋康也『ノンセンス大全』晶文社、1977年
高山宏『近代文化史入門——超英文学講義』講談社、2007年
高山宏『アリス狩り（新版）』青土社、2008年
高山宏「解説「常数」としてのマニエリスム」、グスタフ・ルネ・ホッケ著、種村季弘・矢川澄子訳『迷宮としての世界——マニエリスム美術（下）』岩波書店、2011年所収
高山宏『アレハンドリア——アリス狩りV』青土社、2016年
高山宏・巽孝之『マニエリスム談義——驚異の大陸をめぐる超英米文学史』彩流社、2018年
竹中均『自閉症の社会学——もう一つのコミュニケーション論』世界思想社、2008年
竹中均『精神分析と自閉症——フロイトからヴィトゲンシュタインへ』講談社、2012年
竹中均「「おひとりさま」と「経験」——自閉症者の孤独について」、『社会学年誌』第57号、早稲田社会学会、2016年a所収
竹中均「グールド・サイード・自閉症」、『atプラス——思想と活動』第30号、太田出版、2016年b所収
竹中均『自閉症とラノベの社会学』晃洋書房、2016年c
竹中均「自閉症・認知症・ライトノベル」、『ソシオロジ』第189号、社会学研究会、2017年所収
武部隆『自閉症の子を持って』新潮社、2005年
立岩真也『自閉症連続体の時代』みすず書房、2014年
田中康裕「第2章　未だ生まれざる者への心理療法——大人の発達障害における症状とイメージ」、河合俊雄・田中康裕編『大人の発達障害の見立てと心理療法』創元社、2013年所収
種村季弘「訳者あとがき」、グスタフ・ルネ・ホッケ著、種村季弘・矢川澄子訳『迷宮としての世界——マニエリスム美術（下）』岩波書店、2011年所収
種村季弘「伊藤若冲——物好きの集合論」、澁澤龍彥他『若冲』河出書房新社、2016年所収

ドは語る』筑摩書房、2010年
小島基洋『村上春樹と《鎮魂》の詩学――午前8時25分、多くの祭りのために、ユミヨシさんの耳』青土社、2017年
小沼純一「音楽の在処――サティでたどって」、『ユリイカ 総特集エリック・サティの世界』第47巻第18号、青土社、2015年所収
木場田由利子「42を操るキャロルの世界」、安井泉編著『ルイス・キャロル　ハンドブック――アリスの不思議な世界』七つ森書館、2013年所収
小林忠「画遊人、水墨に遊ぶ」、辻惟雄他『若冲ワンダフルワールド』新潮社、2016年所収
B・ジャック・コープランド著、服部桂訳『チューリング――情報時代のパイオニア』NTT出版、2013年
佐々木正美『講座　自閉症療育ハンドブック――TEACCHプログラムに学ぶ』学習研究社、1993年
エリック・サティ著、秋山邦晴・岩佐鉄男編訳『卵のように軽やかに――サティによるサティ』筑摩書房、2014年
イアン・ジェイムズ著、草薙ゆり訳『アスペルガーの偉人たち』スペクトラム出版社、2007年
澁澤龍彦「日本の装飾主義とマニエリスム」、澁澤龍彦他『若冲』河出書房新社、2016年所収
エリザベス・シューエル著、高山宏訳『ノンセンスの領域』白水社、2012年
新藤淳「ソムリエ（ウェイター）」、シルヴィア・フェリーノ゠パグデン／渡辺晋輔責任編集『アルチンボルド展』図録、国立西洋美術館、2017年所収
杉山登志郎『杉山登志郎著作集①自閉症の精神病理と治療』日本評論社、2011年
鈴木大介『「脳コワさん」支援ガイド』医学書院、2020年
ダニエル・スタシャワー著、日暮雅通訳『コナン・ドイル伝』東洋書林、2010年
千野拓政「村上春樹と東アジア文化圏――その越境が意味するもの」、『WASEDA RILAS JOURNAL』No.2、早稲田大学総合人文科学研究センター、2014年所収

土社、2015年所収
片山杜秀『クラシック迷宮図書館――音楽書月評1998-2003』アルテスパブリッシング、2010年
加藤典洋編『村上春樹 イエローページ――作品別（1979-1996）』荒地出版社、1996年
上遠野浩平『ブギーポップ・ダークリー　化け猫とめまいのスキャット』アスキー・メディアワークス、2009年
狩野博幸「若冲、ここが見どころ　著色画名品20」、辻惟雄他『若冲ワンダフルワールド』新潮社、2016年所収
榎宮祐『ノーゲーム・ノーライフ1――ゲーマー兄妹がファンタジー世界を征服するそうです』KADOKAWA、2012年
榎宮祐『ノーゲーム・ノーライフ6――ゲーマー夫嫁は世界に挑んだそうです』KADOKAWA、2014年
榎宮祐・暇奈椿著、茨乃イラスト『クロックワーク・プラネットⅠ』講談社、2013年
河合俊雄『村上春樹の「物語」――夢テキストとして読み解く』新潮社、2011年
河合俊雄「第1章　大人の発達障害における分離と発生の心理療法」、河合俊雄・田中康裕編『大人の発達障害の見立てと心理療法』創元社、2013年所収
河合隼雄・村上春樹『村上春樹、河合隼雄に会いにいく』新潮社、1999年
川上未映子 訊く／村上春樹 語る『みみずくは黄昏に飛びたつ』新潮社、2019年
河村幹夫『コナン・ドイル――ホームズ・SF・心霊主義』講談社、1991年
ルイス・キャロル著、高山宏訳、佐々木マキ絵『不思議の国のアリス』亜紀書房、2015年
ルイス・キャロル著、高山宏訳、佐々木マキ絵『鏡の国のアリス』亜紀書房、2017年
熊谷晋一郎『当事者研究――等身大の〈わたし〉の発見と回復』岩波書店、2020年
テンプル・グランディン著、カニングハム久子訳『自閉症の才能開発――自閉症と天才をつなぐ環』学習研究社、1997年
グレン・グールド、ジョナサン・コット著、宮澤淳一訳『グレン・グール

岩谷宏「訳者あとがき」、ロビン・ウィルソン著、岩谷宏訳『数の国のルイス・キャロル』ソフトバンククリエイティブ、2009年所収
岩宮恵子『増補　思春期をめぐる冒険――心理療法と村上春樹の世界』創元社、2016年
ロビン・ウィルソン著、岩谷宏訳『数の国のルイス・キャロル』ソフトバンククリエイティブ、2009年
上野千鶴子『ミッドナイト・コール』朝日新聞出版、1993年
上野千鶴子『おひとりさまの老後』文藝春秋、2011年
上野千鶴子『みんな「おひとりさま」』青灯社、2012年a
上野千鶴子『男おひとりさま道』文藝春秋、2012年b
上野千鶴子・小熊英二「上野千鶴子を腑分けする――「対幻想論」から『ケアの社会学』まで」、『現代思想』第39巻第17号、青土社、2011年所収
上野千鶴子他『老い方上手』WAVE出版、2014年
内海健『自閉症スペクトラムの精神病理――星をつぐ人たちのために』医学書院、2015年
梅原猛「伊藤若冲」、澁澤龍彥他『若冲』河出書房新社、2016年所収
太田彩「《動植綵絵》三十幅　鑑賞のポイント」、辻惟雄他『若冲ワンダフルワールド』新潮社、2016年所収
興津要編『古典落語（続）』講談社、2004年
小澤勲『痴呆老人からみた世界――老年期痴呆の精神病理』岩崎学術出版社、1998年
小澤勲『痴呆を生きるということ』岩波書店、2003年
小澤勲『認知症とは何か』岩波書店、2005年
小澤勲「少し長いまえがき――この本のなりたち」、小澤勲編著『ケアってなんだろう』医学書院、2006年所収
小澤勲×滝川一廣「情動・ことば・関係性」、小澤勲編著『ケアってなんだろう』医学書院、2006年所収
小澤勲×田口ランディ「ケアと異界」、小澤勲編著『ケアってなんだろう』医学書院、2006年所収
ピーター・F・オストウォルド著、宮澤淳一訳『グレン・グールド伝――天才の悲劇とエクスタシー』筑摩書房、2000年
柿沼敏江「スロー・サティ　「アルクイユの巨匠」とアメリカの作曲家たち」、『ユリイカ 総特集 エリック・サティの世界』第47巻第18号、青

参照文献一覧

青柳いづみこ『グレン・グールド——未来のピアニスト』筑摩書房、2011年
秋山邦晴「訳者あとがき」、エリック・サティ著、秋山邦晴・岩佐鉄男編訳『卵のように軽やかに——サティによるサティ』筑摩書房、2014年所収
芦田川祐子「作品解題」、鴻巣友季子編『ルイス・キャロル』集英社、2016年所収
天田城介「認知症新時代における排除と包摂——小澤勲の認知症論の位置」、『現代思想』第43巻第6号、青土社、2015年所収
綾屋紗月・熊谷晋一郎『発達障害当事者研究——ゆっくりていねいにつながりたい』医学書院、2008年
新井紀子・安西祐一郎「人間は計算可能である？　チューリング生誕100年に際して」、『現代思想 総特集 チューリング』第40巻第14号、青土社、2012年所収
五十嵐玄「エリック・サティ——その変遷」、『ユリイカ 総特集 エリック・サティの世界』第47巻第18号、青土社、2015年所収
池上英子『ハイパーワールド——共感しあう自閉症アバターたち』NTT出版、2017年
石井史比古「ルーマン理論の「再参入」概念の経験的考察」、『都留文科大学研究紀要』第87集、2018年所収
泉美穂「伊藤若冲の「枡目画」作品を再考する——西陣織「正絵」との関係から」、『芸術学学報』第6号、金沢美術工芸大学芸術学研究室、1999年所収
泉流星『エイリアンの地球ライフ——おとなの高機能自閉症／アスペルガー症候群』新潮社、2008年
伊藤若冲画、京都国立博物館・小学館編集『伊藤若冲大全』小学館、2002年
伊藤若冲画、宮内庁三の丸尚蔵館・東京文化財研究所・小学館編集『伊藤若冲・動植綵絵　全三十幅』小学館、2010年

や 行

ら 行

た 行

な 行

は 行

ま 行

人名索引

著者紹介

竹中 均（たけなか ひとし）

1958年生まれ。

早稲田大学第一文学部社会学専修卒業、
大阪大学大学院人間科学研究科社会学専攻博士後期課程単位取得満期退学。

博士（人間科学）。

現在、早稲田大学文学学術院教授。

専攻は理論社会学、比較社会学。

著書として、

『柳宗悦・民藝・社会理論――カルチュラル・スタディーズの試み』明石書店、1999年、

『精神分析と社会学――二項対立と無限の理論』明石書店、2004年、

『自閉症の社会学――もう一つのコミュニケーション論』世界思想社、2008年、

『精神分析と自閉症――フロイトからヴィトゲンシュタインへ』講談社、2012年、

『自閉症とラノベの社会学』晃洋書房、2016年、

『「自閉症」の時代』講談社、2020年、
がある。

自閉症が文化をつくる

2023年3月10日　第1刷発行　　定価はカバーに表示しています

著　者　竹　中　　均
発行者　上　原　寿　明

世界思想社
京都市左京区岩倉南桑原町56　〒606-0031
電話 075(721)6500
振替 01000-6-2908
http://sekaishisosha.jp/

（印刷 中央精版印刷）

ISBN978-4-7907-1775-1